BUL
GARI
EN
INSIDER-TIPP
Deine Abkürzung ins Erleben!
Reisen mit MARCO POLO Insider-Tipps

MARCO POLO TOP-HIGHLIGHTS

MELNIK 1
Die kleinste Stadt Bulgariens ist ein Traum. Die Schönheit der Landschaft und die Lage machen das Städtchen zu einem Muss.
Tipp: Sei zum Sonnenaufgang bei den Pyramiden von Melnik: Die roten Sandsteinnadeln glühen förmlich im Morgenlicht.

➤ S. 60, Sofia & Westbulgarien

VARNA 2
Im Sommer tobt auf der Strandpromenade die ganze Nacht das Leben.

➤ S. 102, Schwarzmeerküste

VITOSHA-GEBIRGE 3
Was ist schöner: der Blick von Sofia auf die Berge – oder der Blick vom Gebirge auf die Stadt?

➤ S. 52, Sofia & Westbulgarien

RUSSE 4
Ein historisches, mitteleuropäisches Stadtbild, dazu ein schöner Hafen: Die Stadt an der Donau war lange Bulgariens Tor zur Welt.

➤ S. 92, Nordostbulgarien

RILA-KLOSTER 5
Das prachtvolle Nationalheiligtum der Bulgaren liegt mitten im Gebirge und ist voller kulturhistorischer Schätze.
Tipp: Steig auf den Hrelyo-Turm: Von dessen Dachgeschoss aus kannst du das Kloster aus der Vogelperspektive in den Fokus nehmen.

➤ S. 53, Sofia & Westbulgarien

ALTSTADT VON PLOVDIV 6

Das alte Thrakien, die osmanische Zeit und das 19. Jh. begegnen sich in Plovdiv in einem verwinkelten Straßengewirr zwischen drei Hügeln.

Tipp: Weitwinkel drauf und dann ab zum Römischen Theater: Alt-, Uralt- und Neustadt auf einem Bild – und im Hintergrund die Rhodopen.

➤ S. 70, Zentralbulgarien

ETARA 7

Das Museumsdorf erlaubt einen tollen, lebendigen Einblick in alte Handwerkskünste und bulgarische Bräuche.

➤ S. 85, Zentralbulgarien

ALTSTADT VON SOZOPOL 8

Die jüngere der beiden historischen Städte an der Küste ist weniger überlaufen als Nesebar.

➤ S. 112, Schwarzmeerküste

NATURPARK RUSSENSKI LOM 9

Tolle Natur und als Höhepunkt die Felskirchen von Ivanovo mit mittelalterlichen Wandmalereien.

Tipp: Der Aussichtspunkt ca. 300 m von den Felskirchen Richtung Nordosten bietet den perfekten Rundumblick auf den Naturpark.

➤ S. 94, Nordostbulgarien

KAP KALIAKRA 10

Weitblick aufs Meer: die schönsten Felsen an der bulgarischen Küste (Foto).

Tipp: Das Eisenkreuz der kleinen Kapelle am Kap ist das ultimative Motiv für ein Erinnerungsfoto.

➤ S. 108, Schwarzmeerküste

INHALT

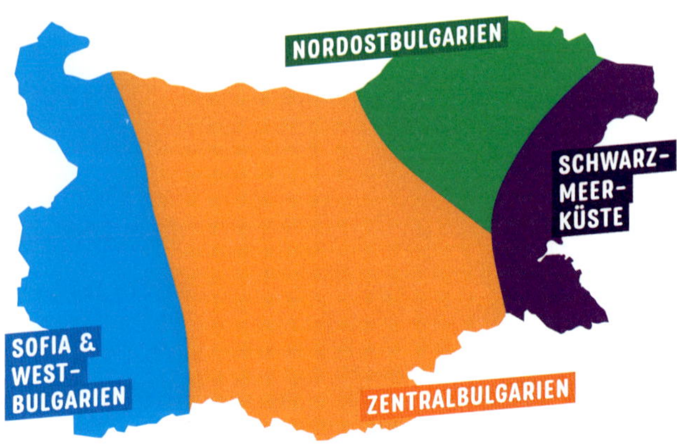
NORDOSTBULGARIEN
SCHWARZ-
MEER-
KÜSTE
SOFIA &
WEST-
BULGARIEN
ZENTRALBULGARIEN

(A2) Herausnehmbare Faltkarte
(a2) Zusatzkarte auf der Faltkarte
(0) Außerhalb des Faltkartenausschnitts

BESSER PLANEN MEHR ERLEBEN!

Digitale Extras
go.marcopolo.de/app/bul

MARCO POLO

DIGITALE EXTRAS

DIGITAL NOCH MEHR ERLEBEN

Schneller in Urlaubslaune kommen.

Perfekt organisiert sein – vor, während und nach dem Urlaub.

Mit der MARCO POLO Touren-App und unseren digitalen Angeboten.

Noch mehr Trendziele, Inspiration und aktuelle Infos findest du auf **marcopolo.de**

Werde Teil unserer Reise-Community und folge uns auf **Instagram** und **Facebook!**

SO EINFACH GEHT'S

1. Website besuchen
2. Die digitale Welt von MARCO POLO entdecken
3. App runterladen und ab in den Urlaub

Alle Infos zum digitalen Angebot unter **marcopolo.de/app**

DAS BESTE ZUERST

Die Natur als Bildhauer: Felsen von Belogradchik im Nordwestzipfel Bulgariens

BEST OF

BEI REGEN

SCHÖN, AUCH WENN ES REGNET

DAS GOLD DER THRAKER

15 000 Goldstücke aus thrakischer Produktion – vor allem Schmuck – entdeckten Wissenschaftler in Bulgarien. Bestaunen kannst du diesen Schatz und viele weitere Ausstellungsstücke aus mehreren Jahrhunderten im *Nationalen Historischen Museum* in Sofia.

➤ S. 51, Sofia & Westbulgarien

BÜRGERLICHEN REICHTUM IN PLOVDIV ERLEBEN

Schau dir in der Altstadt von Plovdiv die Häuser aus der sogenannten Zeit der Wiedergeburt an und bewundere das opulente, reich verzierte Interieur. Die Innenausstattung des *Nedkovich-Hauses* ist besonders prächtig, vor allem im Damenzimmer (Foto).

➤ S. 70, Zentralbulgarien

KUNST-KALEIDOSKOP IM „BULGARISCHEN LOUVRE"

Im *Kvadrat 500* in Sofia zeigt die Nationale Kunstgalerie Bulgariens herausragende nationale und ausländische Kunst. Und der Gebäudekomplex ist eine Attraktion für sich!

➤ S. 47, Sofia & Westbulgarien

BESUCH BEI DER DICKEN BERTA

Tauch bei schlechtem Wetter ab in die Welt der Höhlen! In der *Saeva Dupka* im Naturpark Zentralbalkan gibt es dazu noch eine gigantische Kalksteinformation zu bewundern, die „dicke Berta".

➤ S. 87, Zentralbulgarien

IKONENKUNST IN BULGARISCH-ORTHODOXEN KIRCHEN

Die bulgarisch-orthodoxen Kirchen sind berühmt für ihre Ikonen, die in den letzten Jahren vielerorts sorgfältig restauriert wurden. Nutz die Regenpause und lass dich durch die auf Holz gemalten Darstellungen von Heiligen oder von biblischen Szenen verzaubern, z. B. in der *Kirche von Boyana.*

➤ S. 51, Sofia & Westbulgarien

BEST OF LOW-BUDGET

FÜR DEN KLEINEN GELDBEUTEL

RESTAURANT-HOPPING

Die tägliche, kostenlose *Balkan Bites Free Food Tour* in Sofia führt dich schlemmend von Restaurant zu Restaurant (Foto). Die Häppchen sind kostenlos, die Führer verdienen ein Trinkgeld. Schmeckt es, dann geh doch einfach am Abend noch mal hin zum „offiziellen" Besuch. So geht Win-win auf Balkanesisch!

➤ S. 48, Sofia & Westbulgarien

MUSIKALISCHER GIPFEL

Das *World Music & Jazz Festival* im Juli auf dem Berg Perelik hat nicht nur eine besondere Location, auch der Eintritt ist frei. Neben der Musik propagiert das Festival auch einen spirituellen und naturnahen Lebensstil.

➤ S. 131, Gut zu wissen

AKUSTISCHER LECKERBISSEN IN DER KATHEDRALE

Lausch an Sonntagen und kirchlichen Feiertagen in der Kathedrale Sv. Aleksandar Nevski in Sofia während des Gottesdienstes dem *Kirchenchor.* Wunderbare Musik für lau!

➤ S. 46, Sofia & Westbulgarien

ARCHÄOLOGISCHE SCHÄTZE NEBEN DER U-BAHN

Antike Überreste kannst du im Museum bestaunen – oder umsonst im *Archäologischen Komplex Serdica* an Sofias gleichnamiger U-Bahn-Station. Straßenzüge und Grundmauern von Wohnvierteln der antiken römischen Stadt wurden freigelegt.

➤ S. 44, Sofia & Westbulgarien

GLOCKENKONZERT IN BANSKO

Einzigartig und kostenlos ist das Konzert aus sieben Kirchenglocken, ein Ohrenschmaus, dem du vor der *Sv. Troitsa* in Bansko frönen kannst. Der Glöckner spielt samstags, sonntags und an kirchlichen Feiertagen Melodien, die es so nur hier gibt.

➤ S. 57, Sofia & Westbulgarien

BEST OF
MIT KINDERN

SPANNENDES FÜR GROSS & KLEIN

EPISCHE RUTSCHPARTIE

Die mit 400 m längste aufblasbare Wasserrutsche Europas im Park *Banderishka Meadow* bei Bansko verspricht ein rasantes und ziemlich feuchtes Vergnügen – nicht nur für die Kleinen!

➤ S. 58, Sofia & Westbulgarien

FÜR JEDEN UND JEDE ETWAS

Im *Vergnügungspark Kokolandia* in Sofia lassen ein Klettergarten, eine Kletterwand, Minigolf, Karussells und Spielplätze alle von der Stadtbesichtigung müden Kinderherzen schneller schlagen.

➤ S. 47, Sofia & Westbulgarien

EINMAL PIRAT SEIN!

Flagge hissen, Schätze suchen und Meuterer bekämpfen: Das sind die Highlights auf einem Ausflug mit dem *Piratenschiff Leonardo* in Albena. Und da die Kleinen liebevoll von Animateuren betreut werden, haben die gestressten Eltern auch einmal einen halben Tag frei.

➤ S. 107, Schwarzmeerküste

ANFASSEN ERLAUBT

Im *Muzeiko,* dem Kindermuseum der Hauptstadt, werden wissenschaftliche Erkenntnisse von Umweltschutz bis Raumfahrt spielerisch nahegebracht. Vor allem die Show im Planetarium mit einem virtuellen Spaziergang durch unser Sonnensystem ist sehr beliebt. Die Vorstellung um 14 Uhr ist auf Englisch.

➤ S. 47, Sofia & Westbulgarien

MÄRCHENTRÄUME

Einmal Schlossdame oder Schlossherr sein! Das *Märchenschloss Ravadinovo* bei Sozopol ist umgeben von Tausenden exotischen Bäumen, Sträuchern und Blumen und wartet auf kleine Prinzen und Prinzessinnen. Sogar Reiten ist möglich!

➤ S. 113, Schwarzmeerküste

BEST OF

TYPISCH

DAS ERLEBST DU NUR HIER

BULGARIENS HÖHEPUNKTE IN XXS

Alle wichtigen Sehenswürdigkeiten Bulgariens in kurzer Zeit besuchen? Das geht in Veliko Tarnovo, wo im *Mini Bulgaria* Bauwerke sämtlicher Epochen im Kleinformat aufgebaut sind.

➤ S. 82, Zentralbulgarien

SOZOPOL – FAST WIE AM MITTELMEER

Genieß die mediterrane Atmosphäre in dem malerischen Städtchen an der Schwarzmeerküste. Schlender durch die verwinkelten Gassen – in den Innenhöfen wachsen Feigenbäume, es riecht nach Trockenfisch und das Meer ist von überall zu sehen (Foto).

➤ S. 112, Schwarzmeerküste

ARCHITEKTUR VOM FEINSTEN IM RILA-KLOSTER

Von außen eine mittelalterliche Festung, von innen reich mit verspielter Architektur und farbenreichen Ornamenten verziert: Das Unesco-Welterbe *Rila-Kloster* darfst du auf keinen Fall verpassen, wenn du dich für bulgarische Kultur und Architektur interessierst.

➤ S. 53, Sofia & Westbulgarien

CHEVERME: LAMM AM SPIESS

Mindestens sieben Stunden muss der Lammbraten für ein *cheverme* über dem Feuer gedreht werden. Probieren kannst du das Gericht auf Volksfesten oder in speziellen Restaurants, etwa im *Chevermeto* in Nesebar.

➤ S. 111, Schwarzmeerküste

BAHN FAHREN WIE ANNO DAZUMAL

Durch Wälder und Schluchten, vorbei an Dörfern und Wiesen fahren – mit der schmalspurigen *Rhodopenbahn* zuckelst du gemütlich durch die Rhodopen und das Rila-Gebirge nach Bansko.

➤ S. 76, Zentralbulgarien

SO TICKT BULGARIEN

Kosmetik, Marmelade, Schnaps: Bulgarien ist Weltmeister in Sachen Rosen

ENTDECKE BULGARIEN

7 km lang und bis zu 100 m breit: viel Platz zum Baggern und Pritschen am Strand in Albena

Feine Sandstrände und karge Berglandschaften, ursprüngliche Bergdörfer und quirlige Großstädte, überschäumendes Temperament und mediterrane Gelassenheit: Bulgarien ist ein Land der Kontraste, eine reizvolle Mischung aus Orient und Okzident.

VON DER NATUR VERWÖHNT

Die Schöpfung hat es gut gemeint mit Bulgarien: Das nicht übermäßig große Territorium – weniger als ein Drittel Deutschlands – ist mit landschaftlicher Schönheit und Vielfalt beschenkt worden, mit einer 378 km langen Meeresküste, mit mehreren Gebirgszügen, es ist dicht bewaldet und seenreich. So bietet Bulgarien für Wasserratten die Strände am Schwarzen Meer, für Skifahrer die Pisten rund um Bansko, für Wanderer und Radler die grünen Berge von Rila- und Pirin-Gebirge.

- **681–1018** Erstes bulgarisches Reich
- **1018–1185** Byzantinische Herrschaft
- **1185–1396** Zweites bulgarisches Reich
- **1396–1878** Osmanische Herrschaft
- **Ab 1762** „Nationale Wiedergeburt": Bestrebungen nach kultureller und kirchlicher Selbstständigkeit
- **1878** Bulgarien wird unabhängig
- **1941** Eintritt in den Zweiten Weltkrieg an der Seite Deutschlands

Bulgarien liegt natur- und kulturgeografisch am Übergang zwischen Orient und Europa. Das hat seine historische Entwicklung und seine Gesellschaft geprägt. So ist es kein Wunder, dass das Land gleich neun Unesco-Welterbe-Stätten beherbergt: das Rila-Kloster, Nesebar, das Grabmal von Kazanlak, das thrakische Grabmal von Sveshtari, den Reiter von Madara, die Kirche von Boyana, die Felskirchen von Ivanovo, den Pirin-Nationalpark und das Naturreservat Srebarna.

Auf die touristische Landkarte geriet Bulgarien vor allem durch die Schwarzmeerküste mit ihrem kargen und felsigen Norden, den großen Seebädern in und um Varna und dem feinkörnigen Sand des Goldstrands. In einigen Küstenregionen reichen die Ausläufer des Balkan-Gebirges mit ihren üppigen Weinbergen fast bis ans Meer. Im Landesinneren sind viele Nationalparks ausgewiesen, die den Spagat zwischen Naturschutz und nachhaltigem Tourismus wagen.

BALLERMANN UND STOLZE KULTUR

Bunt ist das Leben an der Küste insbesondere im Sommer. Ausgiebig feiern Einheimische und Touristen in Kneipen und Bars. Doch trotz aller „Ballermann"-Ähnlichkeiten legen die Bulgaren immer und überall Wert auf ihre Geschichte und Kultur. Wahrscheinlich wirst du kaum ein Gespräch mit einem Einheimischen haben, in dem nicht das „Joch", die fast 500-jährige osmanische Fremdherrschaft, thematisiert wird. Umso größer ist der Stolz auf den Teil der bulgarischen Kultur, der nicht durch Fremdeinflüsse geprägt wurde. Die Wurzeln liegen in der

1946 Im Anschluss an die sowjetische Besatzung 1944 wird Bulgarien Volksrepublik

1990 Erste freie Wahlen seit mehr als 50 Jahren

2004/2007 Mitgliedschaft in der Nato und der EU

2021 Nach Wahlen im April, Juli und November gewinnt schließlich die Anti-Korruptions-Partei PP, Kiril Petkov wird Ministerpräsident

2023 Nach der vorgezogenen Wahl im April bildet Bojko Borissovs Partei GERB die erste stabile Regierung seit Jahren

Zeit vor dem 15. und ab Mitte des 19. Jhs. In einer eigenwilligen historischen Interpretation beruft man sich auf die großen Zarenreiche und die Bewegung der „Nationalen Wiedergeburt", deren eindrucksvolle kulturelle Denkmäler du überall im Land findest. In einigen Regionen stehen ganze Ortschaften unter Denkmalschutz, vor allem in Zentralbulgarien.

Allein eine Reise wert sind die weltberühmten Klöster. Sie sind Ausdruck einer einzigartigen Verbindung von Natur, Kultur, Religion und Geschichte. Ihre Funktion ging schon immer über das Kirchlich-Religiöse hinaus. Nicht nur das slawische Alphabet, auch bedeutende Schulen der Literatur, der Architektur und der bildenden Künste haben ihren Ursprung in den Klöstern. So wanderst du bei einem Rundgang durch die klerikalen Anlagen en passant durch neun Jahrhunderte geistiger, politischer und kultureller Geschichte Bulgariens.

DAS ARMENHAUS DER EU

All diese Schätze können jedoch die Probleme nicht verbergen. Bulgarien hat mit hohen Arbeitslosenzahlen, fehlenden Absatzmärkten und einer riesigen Schattenwirtschaft zu kämpfen. Die Menschen behelfen sich mit der Stärkung der Familienbande und phantasievoller Improvisation: Da wird die Garage für die Champignonzucht oder als Hühnerstall genutzt; manch einer setzt sich an den Straßenrand und bietet die Dienste einer alten Waage zur Gewichtskontrolle an. Doch kann dies die ökonomische Lage vieler Menschen kaum verbessern. Viele jüngere Bulgaren wollen deshalb ihr Heimatland verlassen. Von den Politikern aller Richtungen sind die meisten Bulgaren früher oder später enttäuscht, was die regelmäßigen Regierungswechsel bezeugen.

„WIR SIND WIEDER WER"

Seit 2007 ist das Land Mitglied in der EU, zur Freude der Einwohner – auch über die finanziellen Hilfen, die seither aus Brüssel fließen. Als das Land 2018 erstmals die Präsidentschaft des Rats der Europäischen Union innehatte, engagierte es sich als treibende Kraft für die Beschleunigung der EU-Integration der Westbalkanländer. 2019 hatte Bulgarien seinen großen Auftritt auf der Bühne der europäischen Kultur, als es mit Plovdiv Europas Kulturhauptstadt stellte. Die Bulgaren genießen das Gefühl des „Wir sind wieder wer". Und die Jugend hat zunehmend die Schnauze voll und wendet sich gegen das korrupte Establishment. 2020 gab es ausdauernde Massendemonstrationen gegen den damaligen Ministerpräsidenten Bojko Borissow, die sich gegen den Sumpf von Vetternwirtschaft und Machtmissbrauch wendeten. Bulgarien bleibt ein Land in Bewegung. Sobald sich der Winter verabschiedet, blühen das Land und seine Menschen regelrecht auf. Die hochgerühmte bulgarische Geselligkeit kriecht aus den Wohnzimmern auf die Straßen und in die zahlreichen Lokale – und die Gastfreundschaft ist sowieso schier unerschöpflich. Viel Spaß bei deiner Entdeckungsreise in ein oft unterschätztes Land!

AUF EINEN BLICK

6,8 MIO.
Einwohner

Niedersachsen: 8 Mio.

354 km
Küstenlänge am Schwarzen Meer

Ostseeküste Schleswig-Holstein (ohne Fehmarn): 328 km

111.000 km²
Fläche

ehemalige DDR: 108.000 km²

HÖCHSTER BERG: MUSALA

2.952 m

LEBENSERWARTUNG

75 JAHRE

Deutschland: 81 Jahre

BELIEBTESTE REISEMONATE:

MAI & SEPTEMBER

BERÜHMTE BULGAREN

Vasil Levski (1840–1873, Freiheitskämpfer und Nationalheld), Carl Djerassi (1923–2015, Vater der Antibabypille), Christo (1935–2020, Verhüllungskünstler), Elias Canetti (1905–1994, Schriftsteller)

9 UNESCO-WELTERBESTÄTTEN

Österreich: 8
Schweiz: 10

800 FREI LEBENDE BÄREN

Schweiz: 66

119 MOBILFUNKVERTRÄGE/ 100 EW.
DEUTSCHLAND: 117

BULGARIEN VERSTEHEN

BRAINDRAIN

Rund ein Viertel der Bulgaren lebt im Ausland, um die 2,5 Mio. Vor allem junge und gut qualifizierte Bulgaren haben ihr Heimatland in Richtung Westen verlassen auf der Suche nach einem besseren Leben – ein gefährlicher Braindrain. Seit ein paar Jahren gibt es jedoch auch eine Wanderungsbewegung in die entgegengesetzte Richtung. Erst entdeckten britische Pensionäre Bulgarien als idealen Ruhesitz, an dem sie im Wortsinn mit ihrem Pfund wuchern können. Ihnen folgten deutsche Rentner, weil sie die vielfältige Natur und reiche Kultur des Balkanlands schätzen, aber auch weil sie rechnen können: Ihre knapp bemessene Rente erlaubt ihnen zwischen Donau und Schwarzem Meer einen angenehmeren Lebensabend.

RENAISSANCE AUF BULGARISCH

Du wirst es in diesem Buch des Öfteren lesen: Die Periode zwischen 1762 und 1878 gilt als Zeit der „Nationalen Wiedergeburt". Sie lieferte den kulturellen und politischen Nährboden für das neuzeitliche Bulgarien. Den Anstoß gab der Mönch Paisii, der 1762 das erste Werk über die slawisch-bulgarische Geschichte vollendete, mit dem er vor allem ein nationales Bewusstsein des Volks für seine Vergangenheit, sein Brauchtum und seine Sprache wecken wollte. Mit Erfolg! 1870 erreichte die von Paisii initiierte Bewegung die Loslösung vom griechischen Patriarchat in Konstantinopel und damit eine eigene Kirche. Die teils national, teils demokratisch geprägte Bewegung nahm den Kampf um die Befreiung vom Osmanischen Reich auf. Höhepunkt war der Aprilaufstand 1876, der blutig niedergeschlagen wurde. Prominentestes Opfer dieses Aufstands war der bulgarische Nationaldichter und Freiheitskämpfer Hristo Botev. Nur zwei Jahre später erlangte Bulgarien als Folge des russisch-türkischen Kriegs die Selbstständigkeit. Um den Aprilaufstand ranken sich viele heroische Legenden, die ins historische Gedächtnis Bulgariens eingingen. Am Todestag von Hristo Botev, dem 2. Juni, heulen um Punkt 12 Uhr die Sirenen im Land, die Menschen halten in ihrer Arbeit inne, an den Kreuzungen stoppt der Verkehr im Gedenken an den Dichter und die Ziele seiner Generation.

MIKROKULTUR

Der bulgarische Naturjoghurt *kiselo mljako* (saure Milch) kann wahre Wunder bewirken – das behaupten zumindest die Bulgaren. Er sorgt für ein langes, gesundes Leben, verbessert die Haut, lindert Sonnenbrand und hilft der Verdauung. Eine Mahlzeit ohne Joghurt ist für Bulgaren einfach kein Essen. Zubereitet als Vor- oder Nachspeise, als Beilage zum Hauptgericht, zum Frühstück oder als kleiner Snack für zwischendurch: Platz für Joghurt ist immer! Er wird mithilfe der Bakterienkultur Lactobacillus bulgaricus hergestellt und hauptsächlich aus Kuhmilch gewonnen. Als besondere Spezialität gilt Joghurt, der aus Schafs- oder Büffelmilch produziert wird. Diese Sorten haben einen höheren Fettanteil und sind etwas strenger im Geschmack. Es gilt: Je mehr Fett im Joghurt enthalten ist, desto fester ist seine Konsistenz. Der beste Joghurt ist derjenige, der sich mit einem Messer schneiden lässt.

ER-TIPP
Das Fett macht's!

EINFACH DUFTE

Das Rosenöl ist der vielleicht bekannteste Exportschlager Bulgariens. Das kostbare ätherische Öl wird aus den Blütenblättern der Damaszenerrose gewonnen. Rosenöl gibt es überall im Land als Souvenir in kleinen Behältern aus Holz zu kaufen. Auch die daraus hergestellten Kosmetikprodukte wie Gesichtscremes, Rosenwasser, Parfums und Seifen werden nicht nur im berühmten Tal der Rosen verkauft, sondern auch überall, wo es Touristen gibt.

DIE ALPHABETISIERER

Die Brüder Kyrill (geb. 826 oder 827, gestorben 869) und Method (geb. vermutlich 815, gestorben 885), im Westen unter der Bezeichnung „Slawenapostel" bekannt, sind die Begründer des slawischen Alphabets, der slawischen Schriftsprache und Literatur. Sie wurden in Saloniki (dem heutigen Thessaloniki) geboren und in Byzanz ausgebildet. Die Verehrung für die beiden Slawenapostel ist bei

Konkurrenz für Spaniens Küsten? Britische und deutsche Pensionäre haben Bulgarien entdeckt

Glücksbringer: die rot-weiße *martenitsa.* Ob der Marienkäfer wohl als Glücks-Booster wirkt?

den Bulgaren über alle politischen Systeme hinweg lebendig geblieben. Am 24. Mai wird der „Tag der bulgarischen Bildung und Kultur" begangen.

FREUNDSCHAFTSBÄNDCHEN

Am 1. März überreichen sich die Menschen im ganzen Land gegenseitig die *martenitsa* – rot-weiße Troddeln aus Wolle, meist zwei, die jeweils an einem roten oder weißen Wollfaden baumeln und oben miteinander verknotet sind. Hiermit wünscht man dem oder der Beschenkten Gesundheit und feiert gleichzeitig den beginnenden Frühling. Traditionell gilt die *martenitsa* auch als Symbol für Fruchtbarkeit, weswegen sie manchmal auch blühenden Obstbäumen oder jungen Tieren angehängt wird. Bevor du das tust, solltest du aber einen Storch gesehen haben – sonst wirkt der Zauber nicht.

NICHT AUS DER REIHE TANZEN!

Der Horo gehört in den Dörfern zu jedem Fest dazu, in touristischen Lokalen steht er ebenso auf dem folkloristischen Programm. Auch in den Großstädten tanzen die Bulgaren, Jung wie Alt, bei Hochzeiten und anderen großen Feiern diesen Reigentanz. Lass dich nicht von den meist komplizierten Taktarten abschrecken, mach einfach mit! Die Tanzführer, die die Figuren und Schritte der Kette angeben, sind höchst flexibel und improvisieren häufig die Formen. Solltest du aus dem Takt oder gar aus dem Gleichgewicht geraten: Dein Nachbar hält dich sicher fest und führt dich gern und geduldig in den Rhythmus zurück.

SPANNUNGSVERHÄLTNIS

Mehr als ein Sechstel der knapp 7 Mio. Einwohner gehört nicht dem Volk der südslawischen Bulgaren, sondern einer der nationalen bzw. ethnisch-religiösen Minderheiten an. Türken stellen die größte Gruppe, danach folgen die Roma und die bulgarischen Muslime, die Pomaken. Auf politischer Ebene kommt es immer wieder zu Spannungen zwischen Nationalisten und den Parteien der Türken. Ende der 1980er-Jahre zwang das kommunistische Regime die bulgarischen Türken, ihre arabischen Namen durch bulgarische zu ersetzen und ihre Bräuche und sogar ihre Sprache auf das Private zu beschränken. Diese Zeit ist im Bewusstsein der Türken noch sehr präsent. Im Alltag ist das Zusammenleben in den gemischten Gebieten aber meist reibungslos. Problematisch dagegen ist das Verhältnis zu den Roma. Sie sind starker Diskriminierung ausgesetzt; die staatlichen Integrationsprogramme änderten daran bisher kaum etwas. Viele Roma leben am Rand der Großstädte in ghettoartigen Vierteln unter zum Teil schlechten hygienischen Bedingungen.

VON WEGEN SCHALL UND RAUCH

Namen haben keine Bedeutung? Für Bulgaren schon! Geburtstage werden kaum gefeiert, dafür aber die jeweiligen Namenstage. Viele Eltern wählen heute wieder bewusst alte bulgarische Namen für ihre Kinder oder hal-

KLISCHEE KISTE

DER BALKAN-BALLERMANN

Sonnenstrand, Goldstrand, ein Badeparadies – und ein Billigziel vieler Partytouristen, auch oder vor allem aus Deutschland. Übers Schwarze Meer kommen dann noch massenhaft russische Jugendliche hinzu, der niedrigen Preise und der geilen Partys wegen. Und im Sommer ist sowieso ganz Bulgarien am Schwarzen Meer. Da wird es an der Küste schon mal richtig eng und laut. Ruhige Flecken gibt es aber auch am Meer, vor allem im Norden und im Süden, an der Grenze zu Rumänien und der Türkei.

DER NABEL DER WELT

Nichts sprengt eine bulgarisch-griechische Runde so nachhaltig wie die Mazedonienfrage. „Griechisch!", rufen die Griechen. „Schon immer bulgarische Provinz", halten die Bulgaren dagegen. Alexander der Große? Ohne Zweifel Bulgare! Der Schriftsteller und Kosmopolit Elias Canetti wird, obwohl er nur die ersten Lebensjahre in Russe verbrachte, ebenso selbstverständlich als Bulgare betrachtet wie der Verpackungskünstler Christo, der seinem Heimatland ebenfalls früh den Rücken kehrte. Nur die zweifelhafte Ehre, das korrupteste und ärmste Land der EU zu sein, würde Bulgarien gerne an den Nachbarn Rumänien abgeben.

ten an der Tradition fest, dass der Nachwuchs den Namen von Großmutter oder Großvater bekommt. Populäre Namenstage sind etwa der 1. Januar (Vasil), der 6. Mai (Georgi), der 6. Dezember (Nikolai) und der 27. Dezember (Stefan). Das Namenstagskind wird ohne Einladung besucht und ihm damit die Ehre erwiesen. Überall im Land werden an den wichtigsten Namenstagen alte bulgarische Bräuche zelebriert. Am Georgstag wird Lammfleisch gegessen, am Todortag werden Reiterkämpfe veranstaltet und am Jordanstag springen junge Männer in die kalten Flüsse, um ein Kreuz aus dem Wasser zu holen.

MELODIEN FÜR MILLIONEN

Die Bulgaren sind ein musikbegeistertes Volk, das gerne musiziert und seine Musiker verehrt. Eine entsprechend große Rolle spielt die Musik in der kulturellen Tradition des Landes. Bulgarische Volksweisen klingen mit ihren ungeraden Takten für ungeübte Ohren fremd – das von Valya Balkanska gesungene Volkslied „Izlel ye Delyo Haydutin" wurde zusammen mit Bach, Beethoven und Chuck Berry sogar ins All geschossen – wie das wohl bei den Außerirdischen ankommt? Dominierte in der Popmusik bis 1989 der dem westeuropäischen Schlager entsprechende bulgarische *estrada,* so schwappte nach der Wende aus Serbien eine Art orientalisch angehauchter Pop-Folk herein. Seitdem spaltet dieser sogenannte *chalga* das Publikum. Vor allem das Bildungsbürgertum lehnt die Musik mit ihren arabesken Melodien und den Bauchtanzrhythmen als „unbulgarisch" ab. Die gesellschaftliche Elite rümpft die Nase und geißelt die Texte der *Chalga*-Hits als kitschig und vulgär. Bei den meisten Jugendlichen kommt das, was man auch einfach als Balkanmusik bezeichnen kann, trotzdem – oder vielleicht genau deshalb – gut an. Unterstützung bekommen sie von der New York Times: Azis, Bulgariens berühmtesten *Chalga*-Sänger, zählt die Zeitung zu den 25 Popstars, die im 21. Jh. wegweisend sein werden. Hör mal rein!

INSIDER-TIPP
Dem Balka[n] lauschen

NEUE ZÄHNE UNTER PALMEN

Der OP- oder auch Gesundheitstourismus gewinnt überall in Osteuropa an Bedeutung. Bulgarien macht dabei keine Ausnahme. Zahnarztpraxen und

Musik liegt in Bulgarien fast immer irgendwo in der Luft: Freiluftkonzert in Sofia

Fachkliniken werben für ihre Dienstleistungen mit gut ausgebildetem Fachpersonal und niedrigen Preisen. In Varna und am Schwarzen Meer gibt es unzählige Zahnkliniken, spezielle Reisebüros locken mit der Kombination von Sonnenstrand und strahlendem Lächeln. Reisebüros organisieren den Aufenthalt der Touristen. So verlockend es klingt: Es bleibt immer ein Restrisiko, dass die preiswerte Behandlung missglückt.

POLITIKER ODER WITZFIGUREN?

Er war Feuerwehrmann und hat nach dem Sturz des Kommunismus 1989 als Bodyguard dem geächteten KP-Chef Todor Zhivkov und dem heimgekehrten Zaren Simeon Sakskoburggotski Bewunderer und Missgünstige vom Leib gehalten. Ab 2009 regierte Bojko Borissov das Land als konservativer Ministerpräsident drei Amtszeiten lang. „Ihr (das Volk) seid simpel und ich bin simpel, deshalb verstehen wir uns", lautete sein Erfolgskonzept. Der Mann ist in Bulgarien Kult, immer noch, obwohl das Volk ihn nach den landesweiten Protesten 2020 bei den Parlamentswahlen im April und im Juli 2021 abgewählt hat. Slawi Trifonov, populärer satirischer Fernsehmoderator und Chef der jungen Protestpartei „Es gibt so ein Volk" gewann zwar die Wahl, weigerte sich dann aber, eine Regierung zu bilden. Gelungene Satire? Ein bulgarischer Jan Böhmermann? Die Bulgaren fanden die Situation gar nicht witzig. Bojkos Comeback folgte prompt 2023. Da weiß man wenigstens, wer einen verschaukelt ...

ESSEN SHOPPEN SPORT

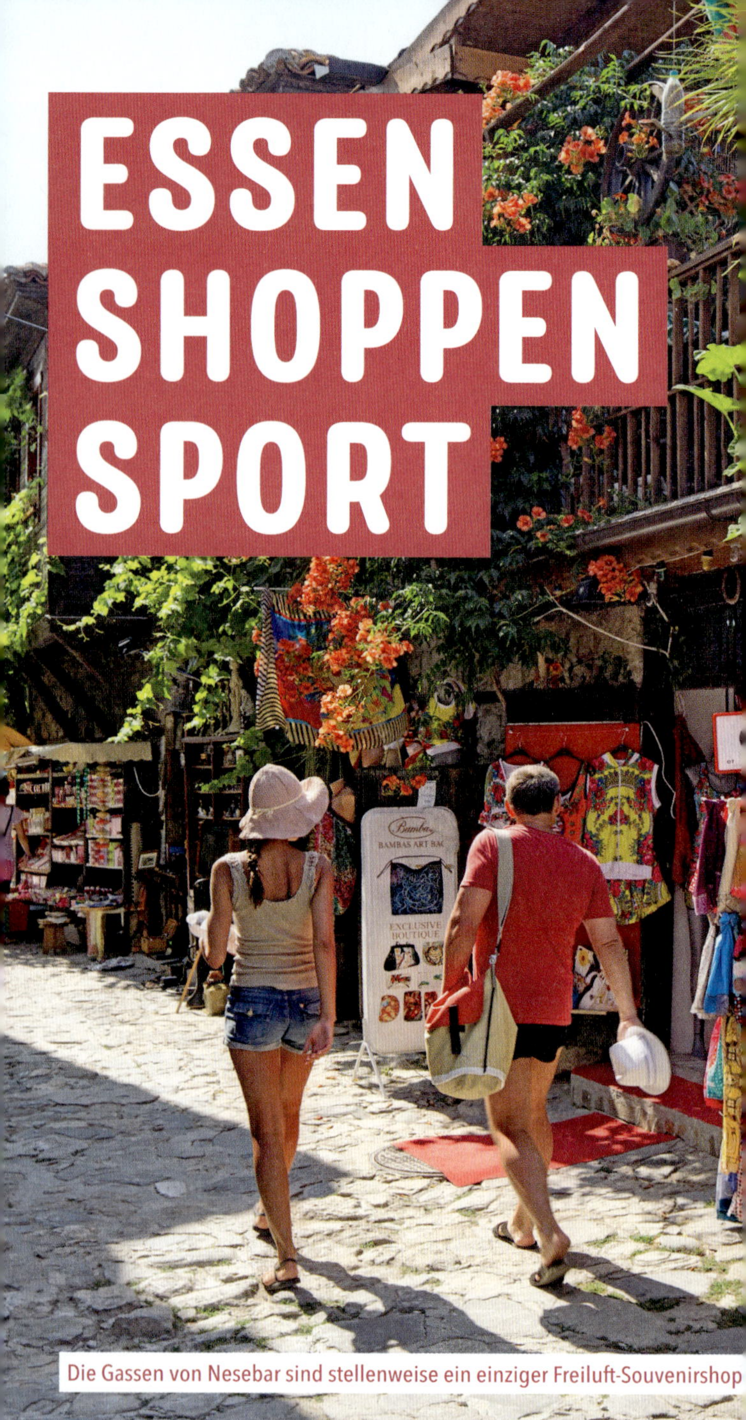

Die Gassen von Nesebar sind stellenweise ein einziger Freiluft-Souvenirshop

39

ESSEN & TRINKEN

Fleisch, eine Menge Fleisch. Vorzugsweise gegrillt. Dazu haufenweise Knoblauch, gern auch als Zutat eines Joghurtdips. Aber die bulgarische Küche ist viel mehr als *bifteki* und *tarator:* Sie ist aromatisch und abwechslungsreich – und auch Vegetarier müssen nicht darben.

FÜR JEDEN GESCHMACK UND GELDBEUTEL

An Qualität und Auswahl von Restaurants mangelt es schon lange nicht mehr. Neben klassischen Restaurants gibt es volkstümlich eingerichtete, kleine Wirtshäuser *(han, hanche)*. *Mehana* nannte man früher eine einfache Kneipe; heute werden in diesen typisch bulgarischen Lokalen neben Bier, Schnaps und Wein auch frische Salate, Gegrilltes und regionale Gerichte serviert. In den letzten Jahren haben viele modern eingerichtete Cafés eröffnet, die sowohl mittags als auch abends eine gute Auswahl an Vor-, Haupt- und Nachspeisen anbieten. In den größeren Städten und in den Tourismuszentren gibt es zudem Pizzerias und internationale Fast-Food Restaurants. Und auch für den Snack zwischendurch ist gesorgt: Da die Bulgaren gern knabbern, stehen an fast jeder Ecke Verkäufer mit Erdnüssen Sonnenblumen- und Kürbiskernen.

Obwohl sich mittlerweile ein reiches Angebot an sogenannten Kaffeehäusern entwickelt hat, ist die traditionelle *sladkarnitsa* nach wie vor beliebt Der „Ort fürs Süße" (so die wörtliche Übersetzung) ist eine Art Konditorei und volkstümliches Gemeingut. Gib bei Bestellung des Kaffees unbedingt an, welche Art du wünscht (Espresso Cappuccino, Nescafé oder türkischen Kaffee), und, um einen Zuckerschock zu vermeiden, auch den Grad der Süße, da z. B. beim türkischen Kaffee der Zucker mitgekocht wird.

Bulgarischer Salat, natürlich mit Schafskäse (li.), und als Dessert Baklava (re.)

Die Preise in den Restaurants sind durchweg erschwinglich: Für rund 30 Euro inklusive Getränken wanken zwei Personen pappsatt aus der Gaststube. Nur in einigen Nobelrestaurants der großen touristischen Zentren werden westeuropäische Preise aufgerufen – manchmal auch mehr.

OBST UND GEMÜSE, LOKAL UND AROMATISCH

In der bulgarischen Küche spielt die Verwendung von einheimischem Gemüse und Früchten eine große Rolle. Berge von Wassermelonen türmen sich ab dem Frühsommer an den Straßenrändern. Im Herbst werden sie von Kürbissen, später dann von Kohlköpfen abgelöst. Man ist hier stolz auf die im Land angebauten Früchte. Beiß in eine bulgarische Tomate und du weißt, warum.

Bulgarien ist und bleibt übrigens eine gentechnikfreie Zone. Der Grund sind die strengen Schutzbestimmungen rund um Naturschutzgebiete, Bioanbauflächen und Bienenstöcke. Bulgarien ist ein Land der Hobbyimker, es bleibt praktisch kein Platz für genmanipulierte Pflanzen. Geplant ist, die Biolandwirtschaft auszubauen.

DER TAG BEGINNT FETTIG

Das Frühstück hat in Bulgarien – wie in allen südeuropäischen Ländern – keine besonders große Bedeutung. Die meisten Hotels haben sich natürlich mit einem entsprechenden Angebot an die mitteleuropäischen Gewohnheiten angepasst. Bist du Selbstversorger, kommst du an den typischen Backwaren nicht vorbei, die nicht gerade leichte Kost sind. Hierzu zählt die *banica,* auch unter ihrem türkischen Namen *byurek* geläufig, eine meist mit Schafskäse, manchmal auch mit Hackfleisch gefüllte Blätterteigrolle. Man bekommt sie in Lokalen, die eine

Mischung aus Bäckerei und Snackbar darstellen. Falls du morgens schon einen süßen Zahn hast: Die pfannkuchenartige, mit Puderzucker bestreute *mekica* ist nicht nur bei Kindern ein Renner.

INSIDER-TIPP Leckere Zuckerbombe

NAZDRAVE – UND DAS BROT NICHT VERGESSEN

Ein echtes bulgarisches Mahl beginnt üblicherweise mit einem kleinen Salat und einem *rakia:* Das bulgarische Nationalgetränk ist ein hochprozentiger Obstschnaps, meist aus Pflaumen oder Trauben gebrannt. Von den zahlreichen Sorten rühmen die Bulgaren am meisten den Pflaumenschnaps *Troyanska Slivova.* Außerdem zu empfehlen sind die etwas milderen Muskatova-Sorten, vor allem der *Burgaska Muskatova* oder *Slivenska Perla*. Zu den Hauptgerichten wird oft keine Beilage, sondern nur Brot gereicht, das allerdings unbedingt dazugehört. Als „Garnitur" gibt es allerlei Kartoffelvariationen.

Sogar die einfachsten Restaurants bieten eine große Auswahl an Vorspeisen wie *kyopolu,* gebratene Leber oder panierten Schafskäse. Die Hauptgerichte basieren hauptsächlich auf Fleisch und es kann tatsächlich vorkommen, dass man als Vegetarier gefragt wird, ob man denn wenigstens Lamm esse. Sehr beliebt sind *kebapcheta* oder Steaks vom Grill. Typisch sind die mit Hackfleisch gefüllten Paprikaschoten oder Weinblätter. Für Letztere gibt es auch eine vegetarische Variante. Für Vegetarier ist dies aber nicht die einzige Alternative: Wer einmal ein hausgemachtes *gyuvech* oder *kachamak* probiert hat, wird auch fleischlos glücklich.

ZUCKERBOMBEN ZUM NACHTISCH

Die Desserts sind meist sehr süß. Dazu gehören verschiedene Sorten *baklava*, ein Gebäck aus Blätterteig, das mit gehackten Walnüssen gefüllt, mit einem Sirup aus gekochtem Zuckerwasser getränkt und mit Zimt gewürzt wird. Auch Joghurt mit Honig, Crème Caramel oder Eis sind typische Nachspeisen. Dazu wird frisches Obst der Saison serviert.

FÜNF JAHRTAUSENDE WEIN

Der bulgarische Wein kann auf eine fast 5000-jährige Tradition zurückblicken. Schon Homer erwähnt in seiner Ilias die regelmäßigen Lieferungen von thrakischem Wein, die Troja erreichten. Auch in der Odyssee findet der „wie Honig süße Wein" bereits Erwähnung. Zwar ist das Land für Liebhaber trockener Weine immer noch kein Traumziel, doch das Angebot hat sich dank vieler kleiner Privatkellereien in den letzten Jahren stetig verbessert. Vor allem die Cuvées sind zu empfehlen.

Die besten Rotweine – wie etwa der Mavrud aus Asenovgrad – sind vollmundig und robust. Viele der guten Weißweine zeichnet ein angenehmes Bukett aus. Einheimische Rebsorten, die du unbedingt probieren solltest, sind *Gamza, Mavrud, Pamid, Dimyat* und *Misket,* die auch Weinliebhaber bisweilen äußerst positiv überraschen.

Unsere Empfehlung heute

Vorspeisen

KYOPOLU
Auberginensalat mit Knoblauch

OVCHARSKA
Hirtensalat mit Schinken, Oliven und geriebenem Schafskäse

SIRENE PO SHOPSKI
Im Tontopf gebackener Schafskäse mit Tomaten und Ei

SNEZHANKA
Gurkensalat in eingedicktem Joghurt, mit Walnussstückchen garniert

TARATOR
Kalte Gurkensuppe, angemacht mit Dill, Walnüssen und viel Knoblauch

Hauptgerichte

GYUVECH
Im Topf gebackene Mischung aus Gemüse mit Fleisch und Kartoffeln

KACHAMAK
Maisbrei, mit Ei und Käse im Tontopf überbacken

KYUFTE
Hackfleischklößchen vom Grill

KAVARMA
Gulasch vom Schwein mit Gemüse und Tomatenmark, im Tontopf serviert

LUKANKA
Luftgetrocknete bulgarische Salami, in Scheiben geschnitten serviert

MESHANA SKARA
Gemischtes Fleisch vom Grill

MUSAKA
Auflauf mit Auberginen, Kartoffelscheiben, Tomaten und gehacktem Fleisch

SKUMRIYA
Gegrillte Makrele

SHOPSKA-SALAT
Tomaten-Gurken-Salat mit Paprika und geriebenem Schafskäse

Desserts

PALACHINKA
Gefüllter Pfannkuchen

BAKLAVA
Süße, mit Nüssen gefüllte Blätterteigtasche, mit einer Kugel Vanilleeis serviert

SHOPPEN & STÖBERN

Sei für Überraschungen offen und begreif den Einkaufsbummel als ausgedehnten Spaziergang – dann ist Shopping in Bulgarien ein tolles Erlebnis.

DU MUSST FEILSCHEN!

Außerhalb der Stadtzentren haben sich Basare etabliert, für die Flohmarkt eine verniedlichende Bezeichnung wäre. Ramsch jeglicher Art wird hier angeboten, von der verrosteten Mistgabel bis zum krächzenden Grammofon. Viele Anbieter kommen aus Russland, China, der Türkei, dem früheren Jugoslawien. Der größte Basar auf dem ganzen Balkan ist der *Stokov Bazar Iliyantsi (Ulitsa Svoboda 1231)* in Sofia.

WAS MAN SO BRAUCHT FÜRS LEBEN

Jede größere Stadt hat mindestens einen Markt. Bauern aus der Umgebung verkaufen ihre Erzeugnisse: Obst, Gemüse, Käse, Fleisch, Eier. Sehr bekannt ist der Frauenmarkt *Zhenski Pazar* in Sofia, wo du neben Obst und Gewürzen auch traditionelle bulgarische Töpferwaren kaufen kannst.

GESCHICKTE HÄNDE

Ob Töpferwaren, Porzellanservice, Lederwaren, Gehäkeltes, Geklöppeltes oder Besticktes: Traditionelles Handwerk wird gepflegt; Schals, Tischdecken oder Tongefäße sind ideale Mitbringsel. Wie wäre es mit einem *sasch,* einer Art Tischgrill mit Tonplatte?

VON KOPF BIS FUSS

Die Zahl der kleinen Boutiquen in den Städten ist riesig, die Preise reichen von richtig teuer bis hin zu Schnäppchen. Vorsicht ist bei angeblichen Markenwaren geboten – oft handelt es sich um billige Imitate. Viele international bekannte Marken lassen ihre Schuhe in Bulgarien herstellen, vor allem spa-

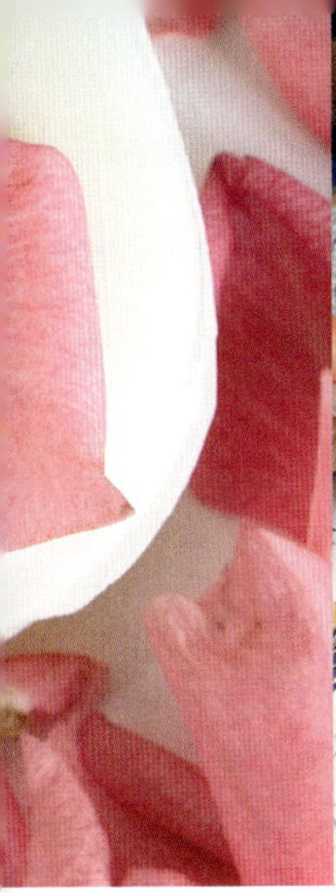

Rosenseife setzt eine Duftmarke (li.), Fingerspitzengefühl braucht man für Stickereien (re.)

nische und italienische Fabrikate. Falls du zufällig durch Peshtera kommst: Hier ist das Zentrum der bulgarischen Schuhindustrie. Schickes Schuhwerk, auch von Qualitätsmarken, findest du hier für einen Bruchteil des eigentlichen Preises. Aber auch in anderen Städten lohnt ein Blick in die Schuhgeschäfte.

HOCHPROZENTIGES

Das Beste aus Pflaume, Weintraube und Anissamen: Der Rachenputzer *Troyanska Slivova,* der Weinbrand *Pliska* oder der dem französischen Pastis ähnelnde Anisschnaps *Mastika* haben es in sich. Und bulgarische Rotweine haben in den letzten 20 Jahren einen riesigen Qualitätssprung gemacht. Besonders empfehlenswert sind die Cuvées und die autochthonen Trauben Melnik und Mavrud. Von den gelegentlich an Straßenständen angebotenen, importierten Getränken lass besser die Finger – es handelt sich meist um Fakes.

MIT SCHIRM UND VIEL GESCHMACK

Bulgarien ist eines der pilzreichsten Länder Europas. Da Pilze in der regionalen Küche aber keine große Rolle spielen, sind sie im Vergleich zu Mitteleuropa ziemlich günstig. Vor allem getrocknete Steinpilze, die du auf fast jedem Markt findest, sind ein äußerst geschmackvolles Mitbringsel.

IKONISCHES

Man muss nicht religiös sein, um die ⚑ Ikonenmalerei zu schätzen. Diese jahrhundertealte Kunst wurde in Bulgarien zur Perfektion gebracht. Ein ungewöhnliches Souvenir, das allerdings auch seinen Preis hat. Eine hochwertige Ikone kann schon mal mehrere Hundert Euro kosten.

SPORT

Bulgarien hat eigentlich alles oder besser: von allem ein bisschen – vom Hochgebirge bis zum Meeresstrand. Mit dem Fahrrad in die Berge, mit dem Segelboot übers Meer oder auf Skiern die Hänge hinab – das Sportangebot in Bulgarien ist ausgesprochen vielfältig.

An der Küste bietet die touristische Infrastruktur sehr gute Möglichkeiten, jegliche Art von Sport zu treiben. Für Touren im Landesinneren ist es besser, sich mit geschulten Führern auf den Weg zu machen. Die kennen sich nicht nur gut aus – gerade bei Wanderungen in den Rhodopen kann man schnell mal die Orientierung verlieren –, sondern vermitteln auch viel über Land und Leute.

ADVENTURE-SPORT

Was soll man mit so tollen Bergen machen? Ganz klar: sie rauf- und runterrennen. *Skyrunning* nennt sich das, in Bulgarien stehen von Juni bis Oktober acht solcher Läufe mit einer Länge um 15 km auf dem Programm *(skyrunning.bg)*. Gastläufer sind immer willkommen. Wenn du mal Skydiving, Drachenfliegen oder Bungeejumping ausprobieren möchtest: Eine Ausbildung ist nicht nötig, du springst bzw. fliegst im Tandem. Besonders beliebt ist ein Tandemsprung am Flughafen Ihtiman mit *Skydive Sofia (skydivesofia.com)*. Hier hast du beim Sprung nicht nur die Hauptstadt im Blick, sondern auch die Gebirge Rila, Balkan und Vitosha. Im Sommer ist *Skydive Sofia* auch in Primorsko am Schwarzen Meer vertreten. Bei *Extreme Bulgaria (extremebulgaria.com)* wird in Plovdiv gesprungen, mit bestem Blick auf die Rhodopen. *Fly Independent (skycamp.com)* bietet Paraglidingkurse in Sopot im Balkangebirge und in Sofia an. Ein weiterer Veranstalter ist *Odysseia-In (hiking-bulgaria.com)*.

Struma, Arda, Iskar: Rafting ist auf vielen Flüssen möglich

ANGELN

Angeln ist eine beliebte Freizeitbeschäftigung der Bulgaren. Die Sofioter fahren zum Stausee Iskar und an die Struma, von Burgas aus geht es an die Ufer der Kamchia, der Tundzha, des Ropotamo oder der Veleka. Am Goldstrand kannst du dein Glück auf Ausflugsbooten versuchen. Hobbyangler müssen ein *riboloven bilet* lösen. Das Ticket ist an Fischteichen, in Anglershops oder bei der staatlichen Agentur IARA *(iara.government.bg)* erhältlich. Es ist von einer Woche bis zu einem Jahr gültig und spottbillig.

KAJAK & RAFTING

Ob auf der Donau, der Arda, der Struma oder durch die Iskar-Schlucht – Bulgarien hat auch wild strömende Wasser zu bieten. Kajak und Rafting auf der Struma organisiert *Adventure Net (en.adventurenet.bg)*. Wildwasserfahrten auf der Iskar kannst du u. a. beim *Alpine Club Edelweiss (adventure-bulgaria.org)* buchen.

RADFAHREN

Mittlerweile findet man ein gutes Angebot an organisierten Mountainbiketouren. Gönn dir die landschaftlich reizvolle Fahrt durch die Rhodopen: Diese sind weniger stark bewaldet und bieten daher die besten Ausblicke. Eine schöne Route führt von Avramovo nach Velingrad (Fahrzeit ca. fünf Stunden). Es werden auch mehrtägige, ein- oder zweiwöchige organisierte Touren angeboten, u. a. von Plovdiv ans Schwarze Meer mit *Biss Aktivreisen (biss-reisen.de)* und von Sofia über das Rila- und Pirin-Gebirge durch die Rhodopen bis nach Plovdiv *(weltweit.bike/bulgarien)*. Die genannten Routen eignen sich auch ausgezeichnet für selbst organisierte Radtouren. Der Donauradweg führt

INSIDER-TIPP
Weitblick

zwar auch durch Bulgarien, die meisten Radler wechseln in Vidin jedoch auf die rumänische Seite. In allen Touristenorten kannst du Räder und Mountainbikes stunden- oder tageweise mieten; auch viele Hotels verleihen Räder.

REITEN

In Teilen des Balkans, z. B. um Trojan, im Donautal und im Tal der Rosen, gibt es viele schöne Reitwege. Der größte Reiterhof Bulgariens, das *Gestüt Kabiyuk (kabiuk.net)*, liegt gut 10 km von Shumen in *Konjovets*. Egal ob du eine geführte Tour oder nur einen kurzen Ritt an der Longe unternimmst, ist Kabiyuk zusammen mit einem Besuch im *Gestütsmuseum (tgl. 8–17 Uhr)* ein schönes Ziel für einen Tagesausflug. Reitertouren werden auch im Rila- und Pirin-Gebirge angeboten, z. B. im *Reiterhof Peri Volas (perivolasbg.com)* im Dorf Bachevo in der Nähe von Razlog und Bansko.

WANDERN

Stehst du auf sportliches Wandern, sind Pirin- und Rila-Gebirge die Ziele deiner Wahl. Die Wege in Rila sind weich und grün, im Pirin dagegen felsig und oft sehr steil. Beste Jahreszeit ist von Juli bis Mitte September, Bergerfahrung und Trittsicherheit sind Voraussetzung. Berghütten bieten Übernachtungen und Verpflegung an, allerdings sind bulgarische Berghütten sehr einfach. Während die Wanderwege im Rila-Gebirge und im Naturpark Zentralbalkan ausgezeichnet erschlossen und markiert sind, empfiehlt es sich, längere Wanderungen im Rest des Landes im Voraus am Computer zu planen, z. B. auf *komoot.de*.

Eine Tour für Genießer ist die Wanderung zur Klosteranlage *Sv. Troitsa* bei Veliko Tarnovo (ca. eineinhalb Stunden ab der nordwestlichen Seite des Trapezitsa-Hügels). Sogar mit dem Auto zu erreichen, aber erwandert noch viel schöner: Inmitten der Rhodopen versteckt – auf dem Weg von Smolyan nach Plovdiv, ca. 10 km nach Chepelare, Abzweig in Richtung Zabardo – findest du die *Chudnite mostove,* die „Wundersamen Brücken": jahrtausendealte Gesteinsformationen, die sich in der Waldlandschaft erheben.

Sogenannte Ecotrails *(en.baret-bg.org/ecotrail_e/enecotrails.html)* verlaufen abseits der touristischen Pfade, die

Natur bleibt bei ihrem Ausbau weitestgehend unberührt. Die Trails sind oft als Tagestour ausgelegt und teils auch für Familien mit Kindern geeignet. Schön ist z.B. bei Smolyan der Rundweg *Rhodopen-Ecotrail,* der zu einer Höhle mit Wasserfall führt. Sehenswert ist auch der Weg beim Dorf Krushuna 30 km nordöstlich von Lovech auf der Straße nach Levski (Abfahrt rechts hinter Aleksandrovo).

WASSERSPORT

An der Schwarzmeerküste ist das Angebot groß, vom Bootsverleih über Windsurfen bis Wasserski. Die besten Möglichkeiten für Segler bietet *Marina Dinevi (marinadinevi.bg)* in Nesebar. Tauchanfänger wie Fortgeschrittene finden abwechslungsreiche Ziele wie Felsenriffe oder Reste von Schiffen, vor Varna wurde sogar extra ein Flugzeug versenkt. Tauchkurse halten sich an die Standards internationaler Organisationen.

WINTERSPORT

Die Gebirge im Süden und Westen bieten gute Wintersportbedingungen. Bansko im Pirin-Gebirge ist zum internationalen Skiort aufgestiegen, dort trifft sich zudem die Freeriderszene Osteuropas *(oxo.bg).* In Borovets und Pamporovo gibt es sowohl Pisten für Alpinski als auch Loipen für Langlauf. Winterwanderungen im Rila- und Pirin-Gebirge sind nur mit Bergführer möglich (Infos dazu in den Skischulen).

Fest angegurtet hoch über dem Strand schweben: Parasailing in Albena

DIE REGIONEN IM ÜBERBLICK

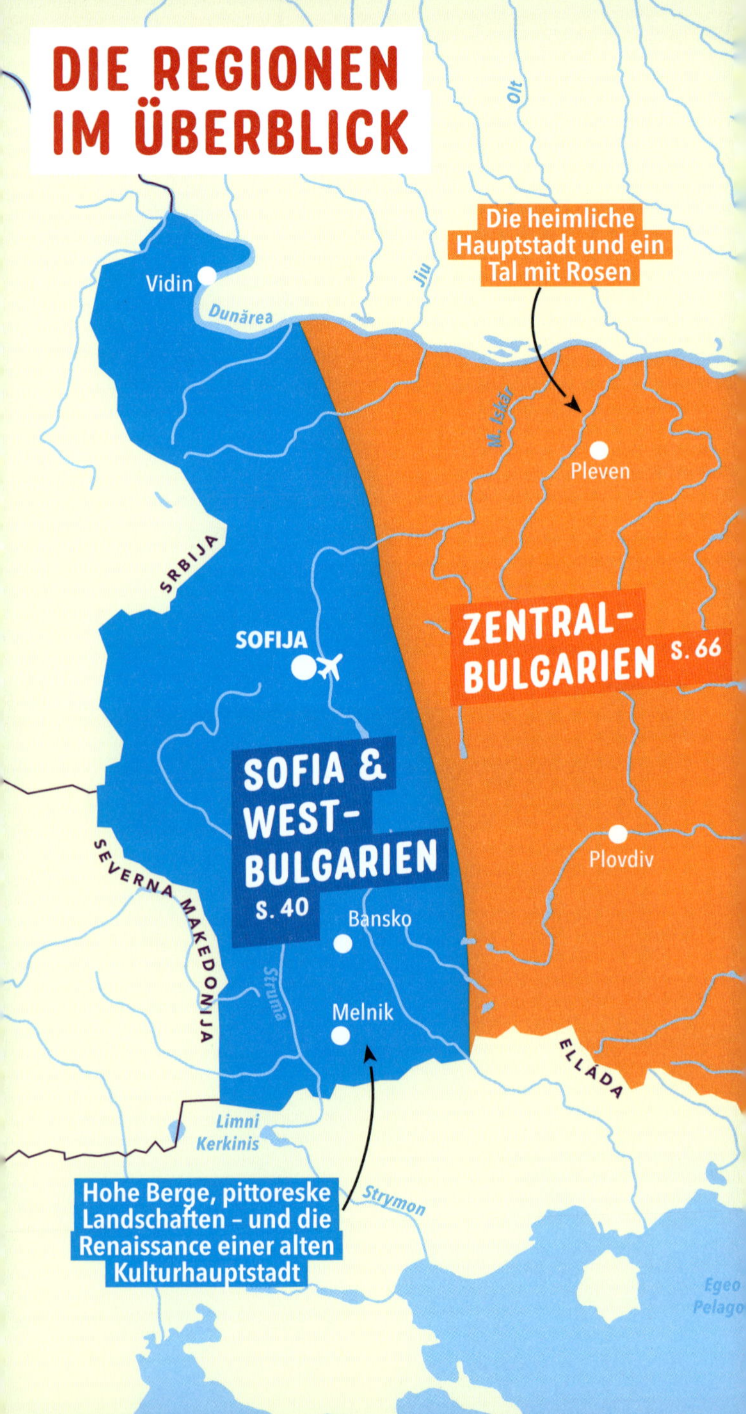

Zwischen Donau und Schwarzem Meer auf Entdeckungsreise gehen
Dunărea
ROMÂNIA
Dunav
Russe
NORDOST-BULGARIEN S. 88
Dobrič
Šumen
Varna
Veliko Tarnovo
SCHWARZ-MEER-KÜSTE S. 98
Kamčija
Sliven
ČERNO MORE
Burgas
Stara Zagora
TÜRKİYE
Wasservergnügen, grandiose Natur und ganz viel Nachtleben
Thrakikon Pelagos
Marmara Denizi
Saros Körfezi
50 km
31.07 mi

SOFIA & WEST-BULGARIEN

KULTURMETROPOLE UND BERGLANDSCHAFTEN

Der Westen Bulgariens besteht aus drei Teilen, die unterschiedlicher nicht sein könnten. Der Nordwesten des Landes ist dünn besiedelt, wirtschaftlich schwach und der Zustand mancher Straßen lässt noch sehr zu wünschen übrig. Im Südwesten dagegen locken die hohen Berge des Rila- und des Pirin-Gebirges und eine gute touristische Infrastruktur. Die Metropole Sofia liegt am Schnittpunkt der wichtigsten Verbindungslinien auf dem Balkan und ist das dominante politische, wirtschaftliche und kultu-

Im südwestlichsten Zipfel des Landes liegt Melnik eingebettet zwischen Sandsteinpyramiden

relle Zentrum Bulgariens. Hier sitzen die Machtelite und die Wirtschaftskraft und das Angebot an Museen, Theatern und Konzerthäusern ist das größte des Landes.

Wer das eigentliche Bulgarien aufspüren will, sollte unbedingt den Südwesten mit seinen beiden Bergmassiven, den vielen Gebirgsseen, Flüssen und Mineralquellen, den malerischen Ortschaften und alten Klöstern besuchen. Bulgarische Geschichte zum Anfassen erlebst du vor allem durch die berühmten Klöster in Rila und Rozhen.

SOFIA & WESTBULGARIEN

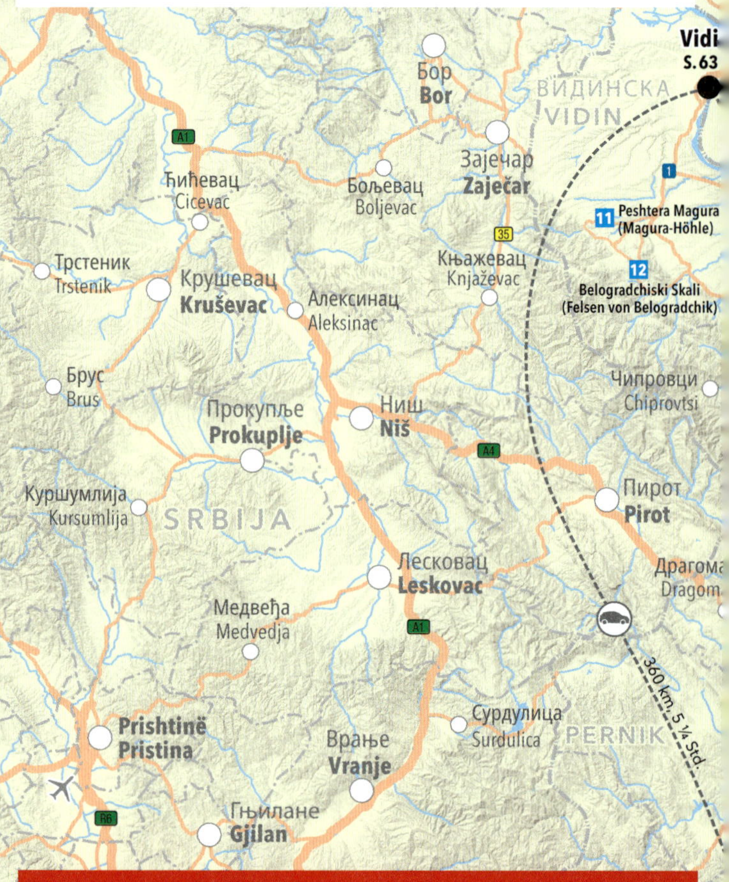

MARCO POLO HIGHLIGHTS

★ **BANSKO**
Die Stadt ist zum internationalen Wintersportort aufgestiegen ➤ S. 56

★ **MELNIK**
Kleinste Stadt Bulgariens zwischen Weinbergen und Ruinen ➤ S. 60

★ **KIRCHE VON BOYANA**
Mittelalterliche Malerei schmückt die Kirche in schöner Umgebung ➤ S. 51

★ **WANDERUNG ZU DEN RILA-SEEN**
Es grünt und blüht im Hochgebirge ➤ S. 52

★ **ALEKSANDAR-NEVSKI-KATHEDRALE**
Das Wahrzeichen Sofias ist der vielleicht prächtigste Bau des 20. Jhs. auf dem Balkan ➤ S. 46

★ **RILA-KLOSTER**
Sinnbild für die Bedeutung der orthodoxen Kirche in Bulgariens Geschichte ➤ S. 53

★ **VITOSHA-GEBIRGE**
Ein Spaziergang zu den Goldenen Brücken oder eine Wanderung auf den Schwarzen Gipfel ➤ S. 52

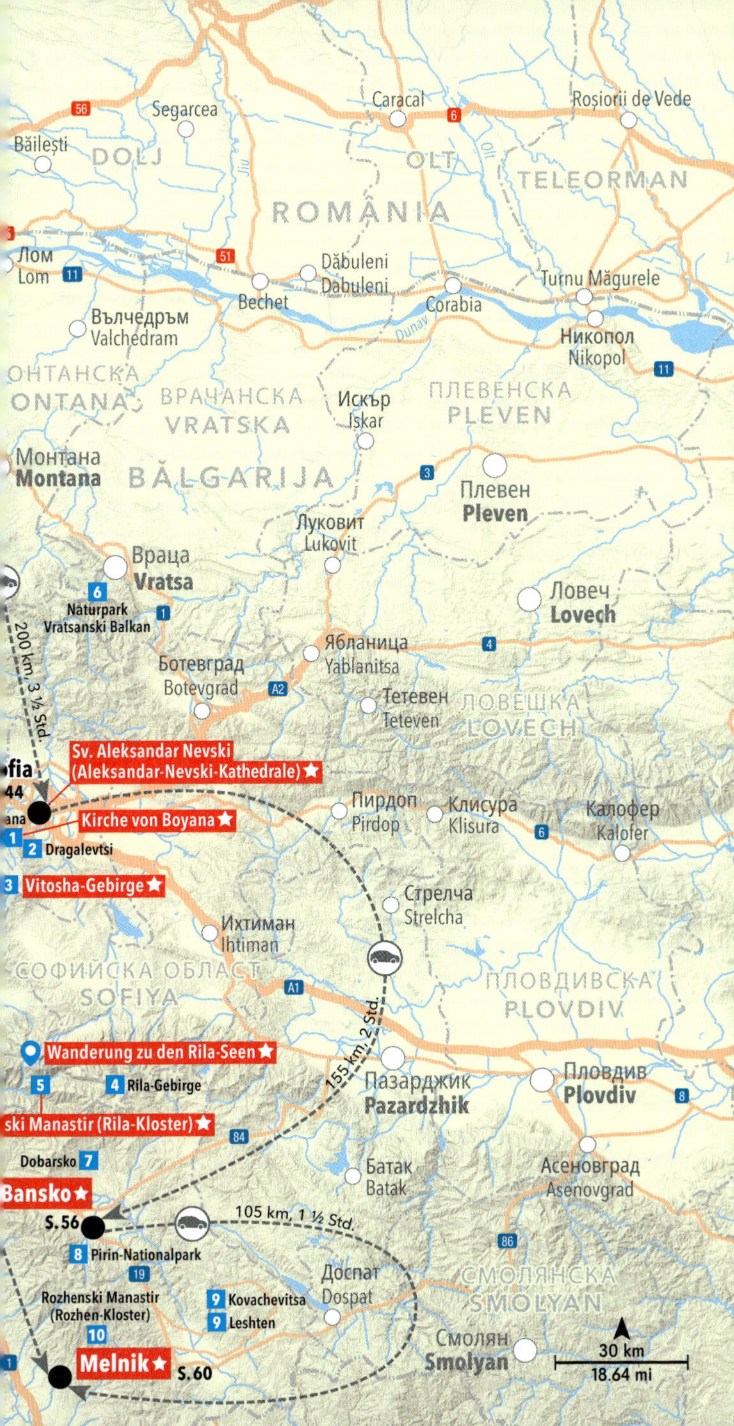

Segarcea
Caracal
Roșiorii de Vede
Băilești
DOLJ
OLT
TELEORMAN
ROMÂNIA
Лом
Lom
Dăbuleni
Dabuleni
Bechet
Corabia
Turnu Măgurele
Вълчедръм
Valchedram
Dunav
Никопол
Nikopol
ВРАЧАНСКА
VRATSKA
Искър
Iskar
ПЛЕВЕНСКА
PLEVEN
Монтана
Montana
BĂLGARIJA
Плевен
Pleven
Луковит
Lukovit
Враца
Vratsa
Naturpark Vratsanski Balkan
Ловеч
Lovech
200 km, 3 ½ Std.
Ябланица
Yablanitsa
Ботевград
Botevgrad
Тетевен
Teteven
ЛОВЕШКА
LOVECH
Sv. Aleksandar Nevski (Aleksandar-Nevski-Kathedrale)
Пирдоп
Pirdop
Клисура
Klisura
Калофер
Kalofer
Kirche von Boyana
Dragalevtsi
Vitosha-Gebirge
Стрелча
Strelcha
Ихтиман
Ihtiman
СОФИЙСКА ОБЛАСТ
SOFIYA
ПЛОВДИВСКА
PLOVDIV
155 km, 2 Std.
Wanderung zu den Rila-Seen
Rila-Gebirge
Пазарджик
Pazardzhik
Пловдив
Plovdiv
ski Manastir (Rila-Kloster)
Dobarsko
Батак
Batak
Асеновград
Asenovgrad
Bansko
S. 56
105 km, 1 ½ Std.
Pirin-Nationalpark
Доспат
Dospat
СМОЛЯНСКА
SMOLYAN
Rozhenski Manastir (Rozhen-Kloster)
Kovachevitsa
Leshten
Смолян
Smolyan
Melnik
S. 60
30 km
18.64 mi

SOFIA

(◫ C5) **„Wächst, aber altert nicht" lautet das Motto der 1,2-Mio.-Ew.-Stadt. Angesichts in die Jahre gekommener Plattenbauten an der Peripherie und schadhafter Gehwege im Zentrum mag man den Sinnspruch bezweifeln. Der lebhafte, jugendliche Charme Sofias allerdings überzeugt.**

Ein großer Vorzug ist zudem seine landschaftliche Lage: Sofia ist umgeben von den Gebirgszügen Balkan im Norden, Sredna Gora im Osten und dem 2290 m hohen Hausberg Vitosha im Süden. Im Sommer verlegen die Hauptstädter einen Großteil ihres Freizeitlebens nach draußen in die zahlreichen Parks.

Schlendert man durch Sofias Straßen, bewegt man sich auf dem historischen Gebiet einer der ältesten Städte Europas. Wo auch immer in ihrem Zentrum eine Baustelle eingerichtet wird, tauchen Relikte aus Antike und Mittelalter auf. Sofias heutiges Gesicht zeigt ein Gemisch verschiedener Baustile aus den Epochen seit 1878, als die Stadt zur Hauptstadt wurde. Einige historische Prachtbauten und hübsche Gründerzeithäuser im K.-u.-k.-Stil scheinen zwischen Repräsentationsgebäuden aus kommunistischer Zeit hervor.

WOHIN ZUERST?

Ploshtad Sv. Nedelya *(◫ c3):* Der optimale Ausgangspunkt für die Stadtbesichtigung, da gut mit der Metro (Stationen I und II *Serdika*) oder den Straßenbahnlinien 4, 12 und 18 (Haltestelle *Ploshtad Sv. Nedelya*) zu erreichen. Wer mit dem Auto kommt, kann an der Station *Serdika* die Tiefgarage nutzen. Allerdings sind Staus an der Tagesordnung. Sinnvoller ist es, mit öffentlichen Verkehrsmitteln oder mit dem Taxi ins Zentrum zu fahren.

SIGHTSEEING

ANTIKES SERDICA

Im Hof zwischen dem Sofia Hotel Balkan und dem Staatspräsidium *(Eingang von der Ulitsa Saborna)* steht mit der *Rotonda Sv. Georgi (Rotunde des hl. Georg)* Sofias ältestes Gebäude. Es stammt vom Anfang des 4. Jhs., als die Stadt den römischen Namen Serdica trug und das Zentrum der römischen Provinz Thrakien bildete. „Serdica, das ist mein Rom!", soll Kaiser Konstantin der Große ausgerufen haben. Ursprünglich ein heidnischer Kultbau, diente die Rotunde im Lauf der Jahrhunderte abwechselnd als christliches und als muslimisches Gotteshaus. Die Fresken aus dem 14. Jh. gehören zu den bedeutendsten Malereien dieser Zeit in Bulgarien.

In der unmittelbaren Nachbarschaft haben jüngere archäologische Ausgrabungen die Grundmauern römischer Wohnviertel um die beiden Hauptstraßen Decumanus Maximus und Cardo Maximus freigelegt. Sie sind teils von einer riesigen Glaskuppel beschirmt, teils liegen sie unter freiem Himmel im *Archäologischen Komplex Serdica (Zugang durch die*

Unterführung zwischen Staatspräsidium und Ministerrat). c3

SINAGOGA (SYNAGOGE)

Die größte Synagoge auf der Balkanhalbinsel wurde 1910 vollendet und vor einigen Jahren restauriert. In einem Seitentrakt ist die ständige Ausstellung „Die Rettung der bulgarischen Juden 1941–1944“ zu sehen. Die Bulgaren hatten sich im Zweiten Weltkrieg trotz Allianz mit Deutschland erfolgreich geweigert, die bulgarischen Juden zu deportieren. *So–Fr 9–17 Uhr | Ulitsa Ekzarh Yosif 18 | sofiasynagogue.com | 20 Min. |* c2

DZHAMIYA BANYA BASHI (BÄDERMOSCHEE)

Diese Moschee aus dem 16. Jh. ist die einzige, die den gläubigen Muslimen in Sofia geblieben ist. Während der antitürkischen Kampagnen in der sozialistischen Ära lag sie still und wird erst seit den 1990er-Jahren wieder genutzt. Unmittelbar benachbart ist das frühere Mineralbad, das inzwischen das *Städtische Museum* beherbergt. Plagen dich Wehwehchen? An den öffentlichen Brunnen ein paar Schritte weiter kannst du dich mit Wasser aus Heilquellen versorgen. Unbedingt anschauen solltest du dir auch die restaurierte *Markthalle* auf der gegenüberliegenden Straßenseite. *Bulevard Knyaginya Maria Luiza |* c2

NATSIONALEN ARHEOLOGICHESKI MUZEI (NATIONALES ARCHÄOLOGISCHES MUSEUM)

Städtische Bauarbeiten fördern jeden Sommer neue, oft spektakuläre Funde aus thrakischer, römischer und byzantinischer Zeit zutage, die dann hier in der Großen Moschee aus dem 15. Jh. ausgestellt werden. *Sommer tgl. 10–18, Winter Di–So 10–17 Uhr | Ulitsa Saborna 2 | naim.bg | 45 Min. | c3*

NATSIONALNA HUDOZHESTVENA GALERIA (NATIONALE KUNSTGALERIE)

Im ehemaligen Zarenpalast wird eine Sammlung bulgarischer Kunst von der Mitte des 19. Jhs. bis zur Gegenwart gezeigt. Der Besuch lohnt jedoch vor allem wegen der prunkvollen Architektur und Inneneinrichtung. *Di–So 10–18 Uhr | Ploshtad Aleksandar Battenberg 1 | nationalgallery.bg | 45 Min. | d3*

SV. SOFIA (SOPHIENKIRCHE)

Die zweitälteste erhaltene, im 6. Jh. errichtete Kirche der Stadt ist deren Namensgeberin geweiht. Auch in der osmanischen Zeit, in der die Kirche als Moschee diente, wurde ihr Äußeres nicht verändert. Hier durften sich die Meister der klassischen byzantinischen Architektur mal so richtig austoben. Die dreischiffige Kreuzkuppelbasilika mit drei Altären lässt einen vor Ehrfurcht niederknien, bevor man von der strengen Monumentalität erschlagen wird. Sehenswert ist Serdicas Nekropole in den Katakomben. An der Ostseite des Baus befindet sich das Grab des bulgarischen Nationaldichters Ivan Vazov. Den Herrn findest du auch als Statue im nahen Park: Es ist – natürlich – der Mann mit dem Buch in der Hand. *Ploshtad Aleksandar Nevski | e3*

SV. ALEKSANDAR NEVSKI (ALEKSANDAR-NEVSKI-KATHEDRALE) ★

Stehst du vor der südlichen Seitenansicht vom Bulevard Tsar Osvoboditel aus, könnte der Anblick kaum imposanter sein. Vor allem die beiden mit Blattgold überzogenen Hauptkuppeln fallen ins Auge. Der prächtige Bau wurde zu Ehren der im russisch-türkischen Krieg von 1877/78 gefallenen Soldaten und als Zeichen des Danks für die dem Krieg folgende Ausgliederung Bulgariens aus dem Osmanischen Reich auf dem höchst gelegenen Punkt der Stadt errichtet. Der russische Zar jener Zeit, Alexander II., wird seitdem in Bulgarien als „Tsar Osvoboditel" (Befreierkönig) verehrt. Davon zeugt auch das unweit der Kathedrale unmittelbar gegenüber dem Gebäude der Nationalversammlung *(Narodno Sabranie)* aufgestellte, 14 m hohe Reiterstandbild. Die Kirche wurde nach dem Schutzheiligen des Zaren, einem Moskauer Großfürsten aus dem 13. Jh., benannt. Baubeginn war 1904, 1924 wurde die Kirche geweiht.

Im Innern sind die russischen und bulgarischen Meister der Zeit um die Jahrhundertwende mit Wandmalereien, Ikonen und Mosaiken vertreten – ein wahres Bilderbuch der Künste dieser Zeit. In der Kathedrale singt an Sonntagen und kirchlichen Feiertagen während des Gottesdienstes der Chor; die ausgezeichnete Akustik der Kirche macht dies zu einem unvergleichlichen Erlebnis. *Tgl. 7–19 Uhr, Krypta Di–So 10–18 Uhr | Ploshtad Aleksandar Nevski | cathedral.bg | 30 Min. | e3*

KVADRAT 500

Gegenüber der Aleksandar-Nevski-Kathedrale hat die Nationale Kunstgalerie diesen großartigen, architektonisch gelungenen weiteren Ausstellungsort. In den 28 Sälen des „Bulgarischen Louvre" sind rund 2000 Werke heimischer und internationaler Künstler zu sehen, dazu im Innenhof ein Skulpturengarten. *Di–So 10–18 Uhr | Ploshtad Aleksandar Nevski 1 | nationalgallery.bg | 1 Std. | e3*

BORISOVA GRADINA (BORISGARTEN)

Der größte Park ist sonntags Ziel Nummer eins für Spaziergänger und Hobbysportler. Die Hauptstädter lieben das leicht verwilderte Grün mit Wiesen und Wäldchen, dazu die vielen Freizeitangebote. Suchst du im oft recht lauten und hektischen Sofa eine Oase der Ruhe? Dann spazier vom Arianasee die Hauptallee in östlicher Richtung entlang – so gelangst du zu einem von Seerosen bedeckten Teich. *Zugang von der Adlerbrücke (Orlov Most). e–f 5–6*

VERGNÜGUNGSPARK KOKOLANDIA

Klettergarten, Kletterwand, Minigolf, Karussells und Spielplätze lassen die Kinder die „langweilige" Stadtbesichtigung schnell vergessen. *Tgl. 10–20 Uhr | Ulitsa Nezabravka 1 | kokolandia.com | 0*

MUZEIKO

Kindern wissenschaftliche Erkenntnisse von Umweltschutz bis Raumfahrt spielerisch nahezubringen ist das Konzept dieses Kindermuseums in der Hauptstadt. Anfassen erlaubt! Am besten geeignet für Kinder von fünf bis zwölf Jahren. *Di–Fr 10–17, Sa/So*

Goldgeschmückt von außen wie von innen: Aleksandar-Nevski-Kathedrale

Wohnzimmeratmosphäre: Made in Home

10–18 Uhr | Ulitsa Prof. Boyan Kamenov 3 | muzeiko.bg/en | 1 Std. | 0

ESSEN & TRINKEN

Einmal durch die bulgarische Küche futtern kannst du dich mit *Balkan Bites Free Food Tour (balkanbites.bg)*. Die kulinarische Reise führt dich zu einigen Restaurants, die typisch bulgarische Häppchen servieren – kostenlos. Selbstlose Stadtbilderklärer, die allerdings einem Trinkgeld nicht abgeneigt sind, erzählen dir auf dem Weg von Lokal zu Lokal etwas über Sofia.

HADZHIDRAGANOVITE KASHTI

Traditionelle Küche, Grillspezialitäten und dazu bulgarische Volksmusik. Touristisch, aber ziemlich gut, untergebracht in vier restaurierten Häusern aus der Zeit der Wiedergeburt. *Ulitsa Kozloduy 75 | kashtite.com | €€ | 0*

SKAPTO

Zwei Jahre in Folge wurden die Burger dieser US-amerikanischen Bier- und Burgerbar in der Innenstadt als die besten der Stadt ausgezeichnet. *Ulitsa Iskar 11a | skapto.bg | € | d2*

100 GRAMA SLADKI

„100 Gramm Süßes" bedeutet der Name der Konditorei übersetzt. Ein Café wie aus der guten alten Zeit. *Ulitsa Angel Kanchev 18a | c4*

DREAM HOUSE

Was für eine Seltenheit im fleischversessenen Bulgarien: ein explizit vegetarisches und veganes Restaurant. Martin Gore von Depeche Mode schwört auf die Ingwerlimonade. *Ulitsa Alabin 50A | dreamhouse-bg.com | €€ | c3*

MADE IN HOME

Essen „wie zu Hause" für ein junges, urbanes Publikum in entspannter Atmosphäre. Viele vegetarische und vegane Speisen, die Zutaten kommen von lokalen Produzenten. Große Salatauswahl, hausgemachte Limonaden. *Ulitsa Angel Kanchev 30a | € | c4*

MANASTIRSKA MAGERNIZA

In der „Klosterküche" gibt es Speisen nach Klosterrezepten aus ganz Bulgarien. Du wirst traditionell mit Brot und Salz begrüßt, dann beginnt das üppige Schlemmen. *Ulitsa Han Asparuh 67 | magernitsa.com | €€€ | c5*

CHEF'S LOZENETS

Chef Viktor Angelov ist einer von Bulgariens renommiertesten Köchen und beweist dies in diesem schicken Restaurant mit internationaler Küche; eher etwas für den exklusiveren Geschmack. *Ulitsa Lyubata 13 | chefs-bg.com | €€€ | 🕮 0*

SHOPPEN

Ein Einkaufsmekka ist Sofia nicht. Aber ein bisschen bummeln und schauen, was in der bulgarischen Hauptstadt gerade im Trend ist, gehört natürlich dazu – und das ein oder andere Mitbringsel fällt dabei sicher auch ab. Mit dem Siegeszug der Shoppingmalls ist die einstige Einkaufsstraße *Bulevard Vitosha* (*🕮 b–c 3–5*) mehr und mehr zur Kneipenmeile geworden. Auch das *TSUM* (*Bulevard Knyaginya Maria Luiza 2 | tzum.bg | 🕮 c2*), das den Bulgaren in sozialistischen Zeiten als der Inbegriff des exklusiven Kaufhauses erschien, hat mit der Konkurrenz der Einkaufszentren schwer zu kämpfen.

Exklusive Modeboutiquen konzentrieren sich in der kleinen, feinen *Ulitsa Saborna* (*🕮 c3*) in unmittelbarer Nachbarschaft des Luxushotels Sofia Balkan. Für den kleineren Geldbeutel sind die Geschäfte in der *Ulitsa Pirotska* (*🕮 a–c2*) besser geeignet. In der parallel verlaufenden *Ulitsa Ekzarh Yosif* reiht sich ein Schuhgeschäft ans andere. In den Szenesträßchen *Angel Kanchev* (*🕮 c4–5*) und *Tsar Shishman* (*🕮 d–e4*) haben sich originelle Alternativlädchen angesiedelt. Ganz in der Nähe kann man bei *Bulgarian Rose* (*Bulevard Tsar Osvoboditel 12 | 🕮 e3*) Rosenölprodukte aller Art erstehen.

An der *Rimski Stena* (*🕮 d–e6*), der Römischen Mauer, gibt es einen *Bauernmarkt*, in dem Landwirte ihre Produkte verkaufen. Wer beim Bummeln snacken möchte: In der ⚑ Markthalle *Tsentralni Hali* (*tgl. 7–22 Uhr | Bulevard Knyaginya Maria Luiza 25 | 🕮 c2*) werden frische Leckereien angeboten. Der *Zhenski Pazar* (*tgl. | Bulevard Stefan Stambolov | 🕮 b–c 1–2*) bietet Gelegenheit, Obst, Gemüse und allerhand mehr zu kaufen und dabei das Alltagsleben zu beobachten.

Ein richtiges Kuriosum im Sofioter Alltag sind die *Klek*-Shops, die in den Kellern der Hauptstadt betrieben werden und praktisch alles im Sortiment haben, was vorbeieilende Passanten so brauchen könnten. Neben klassischen Kioskartikeln bieten manche

Zum Bummeln zieht es auch die Sofioter immer öfter in die großen Shoppingmalls

Kiosk, tiefergelegt: Sofias Klek-Shops sind ein kultiges Phänomen

auch frisch gepresste Säfte an oder Dienstleistungen aller Art, etwa einen Reparaturservice. Diese „Knieläden", so die wörtliche Übersetzung, gingen als bulgarische Innovation in die Geschichte des Kapitalismus ein. Hier muss König Kunde niederknien, um vom Verkäufer durch das Kellerfenster Zigaretten, Alkoholisches und Schokosnacks huldvoll entgegennehmen zu können. Entstanden sind sie nach dem Sturz des kommunistischen Regimes: Viele Sofioter nutzten ihr Improvisationstalent und richteten in ihren Kellern kleine Läden für die Dinge des täglichen Bedarfs ein. Bis heute trotzen Sofias *Klek*-Shops der Konkurrenz in höheren Etagen.

Und ganz allmählich wächst auch die Biobewegung in Bulgarien. Das *Smesen Magazin (Ulitsa Aksakov 22 | zoya.bg | 🕮 d3–4)* verkauft nicht nur Lebensmittel, sondern auch Kosmetik und ayurvedische Medikamente. Es gibt mehrere Filialen, im Haupthaus findest du zudem ein kleines, aber feines Café. Suchst du nach dem etwas anderen Souvenir, wirst du vielleicht auf dem *Flohmarkt (tgl. bei Tageslicht | 🕮 e3)* nahe der Aleksandar-Nevski-Kathedrale fündig. Zwischen Antiquitäten, Souvenirs und Trödel nicht vergessen: Du musst feilschen!

SPORT & SPASS

CARVE INDOOR SKI, BOARD & BAR

In dieser Bar kann man auch bei Hitzealarm wedeln und dem Après-Ski frönen. *Tgl. 10–20 Uhr | Ulitsa Kosta Lukchev 52 | carve.bg | 🕮 0*

AUSGEHEN & FEIERN

Der *Guide Programata (programata.bg)* liegt – auch auf Englisch – in fast allen Restaurants, Kneipen und Kinos aus. Wo auch immer in Sofia gefeiert, musiziert oder getanzt wird: Hier findest du die aktuellen Tipps und Adressen. Karten für die größeren Veranstaltungen gibt es an der Vorverkaufskasse im Kulturpalast *NDK (tgl. 10–20 Uhr | Tel. 02 9 16 63 00 | ndk.bg | b–c6).*

PM CLUB

Soll es Hip-Hop und House sein, ist das die richtige Adresse. Meist legen die Resident-DJs auf, bisweilen gibt es auch einen Special Guest. Reservierung empfohlen! *Do–Sa 22–6 Uhr | Ulitsa Pozitano (im Hotel Rila) | Tel. 0898 67 06 00 | pmclub.bg | c3*

TERMINAL 1

Lauter, schneller, härter! Der beliebte Club bietet auf zwei Etagen Livekonzerte aller Art in Sofias angesagtester Szenestraße. Vor allem an Wochenenden sehr voll. *Mi–Sa 21–6 Uhr | Ulitsa Angel Kanchev 1 | clubterminal1.com | c4*

SOFIA LIVE CLUB

Etwas unterkühlte Einrichtung, aber gute Konzerte. Allerdings nicht die günstigste Adresse. *Mo–Sa 10–4, So 20–24 Uhr | Unterführung des NDK | sofialiveclub.com | b6*

SWINGIN' HALL

Innen Fachwerk und bunte Kissen – dann aber erstaunlich gute Musik. Die Swingin' Hall hat das Motto „Second to none". Regelmäßige Livekonzerte, vor allem Jazz und Rock. *Di–Sa 20.30–4 Uhr | Bulevard Dragan Tsankov 8 | Facebook | e6*

RUND UM SOFIA

1 BOYANA

8 km südlich von Sofia/20 Min. mit Buslinie 64 ab Metrostation Bulgaria

In Boyana, das malerisch am Hang liegt, ließen viele Spitzenfunktionäre der Kommunistischen Partei ihre Villen und Todor Zhivkov seine stattliche Residenz bauen. Das größte und bedeutendste historische Museum des Landes ist hier untergebracht. Weltweite Bedeutung erhielt das *Natsionalen Istoricheski Muzei (April–Okt. tgl. 9.30–18, Nov.–März 9–17.30 Uhr | Ulitsa Vitoshko Lale 16 | historymuseum.org | 1 Std.)* durch die Ausstellung „Gold der Thraker". Die jahrtausendealten Meisterwerke thrakischer Goldschmiedekunst befinden sich allerdings häufig auf Wanderausstellungen.

Einen Meilenstein der europäischen Kunstgeschichte birgt die *Kirche von Boyana (April–Okt. tgl. 9.30–18, Nov.–März 10–17.30 Uhr | Ulitsa Boyansko Ezero 3 | boyanachurch.org)* vom Ende des 10. Jhs. Ein unbekannter Künstler, der sogenannte „Meister von Boyana", hat hier Fresken geschaffen, die zum Weltkulturerbe ernannt worden sind. Neu und spektakulär für die damalige Zeit: Die Porträts der

Herrscher und Heiligen zeigen recht natürliche Gesichtszüge und nicht mehr, wie zuvor üblich, nur stilisierte. Die Fresken sind nur in Begleitung eines Führers zu besichtigen und Fotografieren ist streng verboten. *C5*

2 DRAGALEVTSI

10 km südlich von Sofia/30 Min. mit der U 2 bis zur Endhaltestelle Vitosha, dann weiter mit Bus 93

Vom Dragalevtsi-Kloster aus dem 14. Jh. ist nur die Kirche erhalten geblieben. Dafür wurde die alte Wassermühle im Ort renoviert und dient nun als Restaurant *Vodenitsata (vodenitzata.com | €€)*. Hier kannst du dir traditionelle bulgarische Gerichte schmecken lassen und dabei den tollen Blick auf die Hauptstadt genießen. *C5*

3 VITOSHA-GEBIRGE ★

25 km bis zur Aleko-Hütte südlich von Sofia/1 Std. über den Bulevard Cherni Vrah und Dragalevtsi

Das Naherholungsgebiet der Sofioter. Es gibt verschiedene Möglichkeiten, den höchsten Gipfel, den 2290 m hohen *Cherni Vrah (Schwarzer Gipfel)*, zu erreichen. Der direkte Aufstieg von Dragalevtsi dauert mehrere Stunden. Du kannst aber auch mit dem Bus 66 oder ganz bequem mit dem Gondellift zur Aleko-Hütte fahren. Von dort kannst du hoch zum Gipfel wandern oder über das Plateau zu den sogenannten Goldenen Brücken, den *Zlatni Mostove*. Bei diesen befindet sich der sogenannte Steinerne Fluss: riesige Geröllbrocken, die das Gebirge hinunterzustürzen scheinen. Ein Abstecher zum Komplex *Kopitoto* mit Café, Restaurant und Panoramablick auf Sofia dauert eineinhalb Stunden.

Vitosha ist auch für Wintersportler attraktiv, das Skigebiet an der Aleko-Hütte *(skivitosha.com)* umfasst sechs Skipisten aller Schwierigkeitsgrade. Im Winter ist der Naturpark Vitosha täglich mit dem Gondellift vom Vorort Simeonova zu erreichen, im Sommer verkehrt er nur am Wochenende und an Feiertagen. Ebenfalls an Wochenenden und Feiertagen fahren die Busse der Linie 66 vom Wohnkomplex Gotse Deltshev zur Aleko-Hütte und die Linie 63 zu den Zlatni Mostove. Außerdem ist an arbeitsfreien Tagen eine kostenlose „Grüne Linie" für Radfahrer zwischen dem Nationalstadion Vasil Levski und der Aleko-Hütte eingerichtet. Ein E-Bike kannst du beim Verleih vor dem Nationalen Historischen Museum in Boyana mieten. *B–C5*

4 RILA-GEBIRGE

70 km bis Borovets südlich von Sofia/1 Std. 20 Min. über die N 82

Nur eine gute Autostunde von Sofia erheben sich nicht weniger als 132 Zweitausender. Mit 2925 m ist der *Musala* der höchste Gipfel der Balkanhalbinsel. Einige der größten Flüsse des Landes wie Iskar, Maritsa und Mesta sowie viele Mineralquellen entspringen im Rila-Gebirge. Eine beliebte Wanderung ist die *Musala-Tour*. Sie startet in *Borovets* und dauert ca. sechs bis sieben Stunden.

Ein echtes Highlight ist die ★ Wanderung zu den *Rila-Seen*, die allerdings ein wenig Trekkingerfahrung voraussetzt. Von *Borovets* führt der Weg in ca. sechs Stunden zu Fuß (Anfahrt nur per

Jeep, die Straße ist schlecht) zur ersten Station, der *Vada-Hütte* mit mehreren Vierbettzimmern. Dort beginnt der dreistündige Aufstieg zu einer Ansammlung von sieben Gebirgsseen auf 2200 bis 2500 m. In der Nähe des sechsten Sees, des *Ribnoto Ezero,* liegt die Hütte *Sedemte Ezera* mit 100 Betten. Falls du auf den Geschmack gekommen bist: Von hier aus kannst du auf einer sechsstündigen, anspruchsvollen Wanderung über das schöne Gebirgsfeld *Partizanska Polyana* das *Rilski Ezera*; auch von hier führt eine ausgeschilderte Route zu den Rila-Seen. *C6*

5 RILSKI MANASTIR (RILA-KLOSTER) ★

120 km südlich von Sofia/1 ¾ Std. über die A 3 und N 107

Übersehen kann man es nicht: Nach kurvenreicher, landschaftlich wunderschöner Fahrt durch ein sich stetig verengendes Tal stehst du auf 1147 m Höhe plötzlich gebannt vor der schö-

Die Bibel in Bildern und allerlei Porträts: Wandmalereien im Rila-Kloster

nen Klosteranlage, die Ruhe und Harmonie ausstrahlt. Solltest du hingegen zu Fuß übers Rila-Gebirge kommen, baut sich eine bis zu 24 m hohe Festungsmauer vor dir auf.

Wie auch immer: Schon beim ersten Anblick werden einem die Bedeutung und der Status dieses Klosters be-

Rila-Kloster erreichen. Die *Touristeninformation Borovets (Tel. 0889 60 70 00 | borovets-bg.com)* im Hotel Rila organisiert geführte Wanderungen.

Falls du es gern etwas bequemer hast: 4 km außerhalb des Dorfs Panichishte gibt es einen *Sessellift (Mo 12.30–18.30, Di–So 8–18.30 Uhr)* zur Hütte wusst. Es wurde im 10. Jh. vom Einsiedler Ivan Rilski gegründet und zeigt die Bedeutung der orthodoxen Kirche in der bulgarischen Geschichte. Das älteste erhaltene Gebäude ist der 1335 errichtete *Hrelyo-Turm*. Alles andere stammt aus dem 19. Jh., als das Kloster nach einem verheerenden Großbrand neu aufgebaut werden musste. Mittelpunkt und Krone der Kunstschätze ist die Hauptkirche *Sv. Bogoroditsa* – architektonisch eine Kombination aus der alten, dreischiffigen Basilika, der Kreuzkuppelkirche vom Berg Athos und einer italienischen Kuppelkirche. Im 19. und frühen 20. Jh. war das Kloster nicht nur religiöses Zentrum, sondern auch Hort der Aufklärung, künstlerischer Magnet und Zufluchtsort vieler Widerstandskämpfer. Hieraus speist sich die ungebrochene Popularität des Klosters bei den Bulgaren.

Nimm dir die Zeit und bewundere die leuchtenden Fresken im Innenraum und in den Laubengängen, die wie ein Bilderbuch durch die religiösen Geschichten und Legenden führen und auch den einen oder anderen unfreiwillig komischen Einblick in die Hölle erlauben. Grandios ist die vergoldete Altarwand mit ihren 36 Figuren. Hier befindet sich auch das Grab von Boris III., dem letzten bulgarischen Zaren. *Tgl. 7–20, Museum und Kirche 7–17 Uhr | rilskimanastir.org | 2 Std.*

INSIDER-TIPP **Schlafen wie ein Pilger**

Sonnenaufgang überm Kloster? Mit den Mönchen den Tag beginnen? Warum nicht! Auch wenn das Kloster von den Mönchen eher als Herberge für Wallfahre[r] gesehen wird, schadet es nicht zu fra[gen], ob ein Schlafplatz frei ist. Neben dem Kloster serviert das Restaurant *Tsarev Breh (Tel. 070 54 22 80 | €)* bul[garische] Gerichte. Den schönsten Aus[blick] hast du von der allerdings etwas kleinen Terrasse. *C6*

6 NATURPARK VRATSANSKI BALKAN

110 km bis Vratsa nördlich von Sofia/ 1 ¾ Std. über die A 2 und N 1

Der Berg ruft, aber du bist kein Alpi[nist]? Beim Besuch des Städtchens

Vratsa, das inmitten der steil aufragenden Felswände des Naturparks liegt, wirst du dem Ruf wohl trotzdem nachgeben. Zwar reichen die Gipfel im westlichen Teil des Balkangebirges mit nur knapp 1500 m nicht gerade zum Himmel, dennoch ist dies ein geeigneter Ort für verwegene Abenteuer: Versehen mit zahlreichen Höhlen und Felsspalten, lockt Bulgariens zweitgrößter Naturpark Höhlenfans und Kletterer.

In der 16 km langen *Ledenika-Höhle* gibt es nicht nur einen See, sondern auch einen Konzertsaal mit wunderbarer Akustik. Hobbybotaniker streifen durch den dichten Nadelwald und treffen auf viele seltene Pflanzen. Vogelfreunde können sich auf die Lauer nach Bussard, Adler und Falke legen. Abschalten und die Erlebnisse auf sich wirken lassen können alle dann im *Manastir Cherepish Uspenie Bogorodichno,* dem Mariä-Himmelfahrts-Kloster aus dem 14. Jh. in der malerischen Iskar-Schlucht. Trailvorschläge und Infos beim *Naturschutzzentrum (April–Okt. tgl., Nov.–März Mo–Fr 9–12 und 13–17 Uhr | Ulitsa Pop Sava Katrafilov 27–29 | vr-balkan.net)* in Vratsa. 🕮 C3–4

Wo Höhlenforscher auf Kletterer treffen: Iskar-Schlucht im Naturpark Vratsanski Balkan

Enge Gassen und urige, alte Häuschen im kleinen Ortskern von Bansko

BANSKO

(📖 C7) ★ **Bansko (12 000 Ew.) ist das Eingangstor zum Nationalpark Pirin und liegt im Tal von Razlog am Fuß des Pirin-Gebirges.**
Lange und schneereiche Winter boten beste Voraussetzungen, die Stadt zum führenden Wintersportzentrum des Landes werden zu lassen. Angenehmer Nebeneffekt: Die Sommer sind nicht ganz so heiß wie im Rest des Landes. Die winterliche Popularität hat aber auch ihre Schattenseiten: Immer wieder gibt es Streit über den weiteren Ausbau des großzügigen Skigebiets. Naturschützer warnen vor drohender Umweltzerstörung. Liftbetreiber dagegen betonen den wirtschaftlichen Nutzen für die lokale Bevölkerung.
Während der Stadtrand mit großen Hotels bebaut wurde, hat der verwinkelte Kern mit kopfsteingepflasterten Gässchen und hübschen Wiedergeburtshäusern seinen ursprünglichen Charakter bewahren können. In kaum einer anderen bulgarischen Stadt gibt es so viele *mehanas,* die regionale Küche und quasi als Beilage ein authentisches Folkloreprogramm bieten. Warum die traditionelle Architektur nur von außen bestaunen, wenn du sie auch von innen genießen kannst? Einige historische Häuser beherbergen nette kleine Familienpensionen, so auch das *Bansko Villa Zlateva House* (s. S. 65).

INSIDER-TIPP **Wohnen mit Geschichte**

SIGHTSEEING

ALTSTADT

Die Stadt erlebte ihre Blütezeit im 18. und 19. Jh. Die meisten Häuser in der Altstadt stammen aus dieser Periode. Mit ihren strengen, fast abweisenden Steinfassaden erinnern sie ein wenig an die bulgarische Klosterarchitektur. Typisch ist der geschlossene Balkon aus Holz, *chardak* genannt. Das Loch in der Mitte war früher für die Flinte, falls Feinde und Verbrecher sich auf der Straße aufhielten. Heute schrecken eher die Reklameplakate ab, die oft die Fassaden der alten Häuser bedecken. Die reich verzierten Innenhöfe mit den geschnitzten Geländern und Säulen wirken hingegen freundlich und fast verspielt.

Holzarbeiten bestimmen das Innere der Häuser – in der Zeit der Wiedergeburt galten die Meister der Banskoer Holzschnitzerschule als die besten der Region. Das *Sirleshtov-Haus (Ulitsa Jane Sandanski 12)* ist das älteste erhaltene Haus, das *Velyanov-Haus (Ulitsa Velyan Ognev 5)* besitzt eine gut erhaltene Inneneinrichtung und Wandmalereien. Im *Neofit-Rilski-Haus (Ulitsa Pirin 17)* kannst du einen noch funktionierenden Brotofen und ein historisches Klassenzimmer bewundern.

SV. TROITSA (DREIFALTIGKEITSKIRCHE)

Auf dem Hof der 1835 erbauten Kirche steht ein 30 m hoher Glocken- und Uhrturm. An Samstagen, Sonntagen und kirchlichen Feiertagen werden die sieben Kirchenglocken im Turm per Hand geschlagen. Dabei spielen die Glöckner eine Banskoer Melodie, die von Generation zu Generation weitergegeben wird. *Ploshtad Vazrazhdane*

ESSEN & TRINKEN

BARYAKOVA MEHANA

Im zweiten Stock des liebevoll renovierten Hauses aus dem 19. Jh. im Zentrum nahe der Dreifaltigkeitskirche wohnt die Familie, im früheren Wohnzimmer und im Innenhof werden lokale Spezialitäten wie gefüllte Schweinshaxe zu hausgebackenem Brot serviert. Kein Wunder, dass vor allem am Wochenende ohne Reservierung gar nichts geht! *Ulitsa Velyan Ognev 3 | €€*

MEHANA VODENITSATA

In der Essstube der „Wassermühle" wird im Winter am offenen Kamin gegrillt, es gibt typische Gerichte wie *kapama* (gemischtes Fleisch auf Sauerkraut und Reis) und *chumlek* (Auflauf mit Rindfleisch und Kartoffeln). Am Wochenende treten die *Banski Starcheta* („Banskoer Alte") auf, singen lokale Lieder und spielen traditionelle Instrumente wie Dudelsack und Klarinette. Einheimische tanzen dazu den Horo. *Ploshtad Nikola Y. Vaptsarov 1 | Facebook | €€*

SPORT & SPASS

WINTERSPORT

Das großzügige Skigebiet verfügt über insgesamt 75 km Pisten aller Schwierigkeitsgrade. Die Liftanlagen bringen dich auf 1000 und 2600 m

Höhe; hier kann es im Winter teilweise empfindlich kalt werden. Die untere Gondelstation liegt am Ende der Innenstadt von Bansko, von dort geht es hinauf zum Hausberg *Todorka*. Shuttlebusse verbinden die Innenstadt und die Skistationen. Die Skisaison dauert von Dezember bis Mai. Im Ort gibt es mehrere Skischulen. *OXO (oxo.bg)* organisiert auch Freeride-Skiing. *banskoski.com*

BANDERISHKA MEADOW

Im Sommer lockt dieser Park an der Bergstation der Gondel, der mit seiner 400 m langen, aufblasbaren Wasserrutsche vor allem die Kids begeistert. Weitere Attraktionen sind ein Minigolf-Parcours, ein Fußballfeld, Hüpfburgen und Spielplätze mit professioneller Kinderbetreuung.

Die Hänge rund um Bansko sind Bulgariens Wintersportziel Nummer eins

RUND UM BANSKO

7 DOBARSKO

20 km nördlich von Bansko/30 Min. über die N 1901

An den Wänden der Kirche der Hl. Theodor Tiron und Theodor Stratilat ist Jesus, so scheint es, in einem startenden Raumschiff abgebildet. Warum? Die Erklärung ist ganz einfach: Es handelt sich um einen Heiligenschein, eine auf dem Balkan recht häufige Darstellungsart. Gebaut wurde die Kirche im 17. Jh. – ihre Wandmalereien gehören zu den schönsten in Bulgarien. Das Dörfchen zwischen Pirin- und Rila-Gebirge ist Ausgangspunkt für Wanderungen im südlichen Rila-Gebirge. Informationen gibt es bei Maria und Wolfgang Brauchle. Das deutsch-bulgarische Ehepaar organisiert Wandertouren und sorgt für den Transport: *Wandern Bulgarien (Tel. 087 8 29 07 71 | wandernbulgarien.eu).* *C7*

8 PIRIN-NATIONALPARK

8 km bis Dobrinishte östlich von Bansko/10 Min. über die N 19

Wegen der Vielfalt seiner Pflanzen- und Tierwelt gehört der Nationalpark zum Unesco-Weltnaturerbe – etwa 80 Prozent sind mit Wald bedeckt. Neben 176 (!) Bergseen ist auch der höchste Gipfel des Pirin-Gebirges, der 2914 m hohe *Vihren*, Teil des Parks.

Die beste Zeit für Bergwanderungen in der grandiosen Landschaft des Pirin-Gebirges ist von Anfang Juli bis

Bulgariens Alpen: die Hochgebirgslandschaft Pirin mit ihren Flüsschen und Seen

Mitte September, die Wanderwege haben aber neben Sommer- auch Wintermarkierungen. Das Gelände wird oberhalb der Baumgrenze steinig und hat alpinen Charakter. Um auf den höchsten Pirin-Gipfel zu gelangen, geht es von Bansko zu Fuß (vier Stunden) oder mit dem Lift zur *Vihren-Hütte* und dann zum *Vihren-Gipfel* (sieben Stunden hin und zurück). Ist dein Ziel die *Demyanitsa-Hütte*, startest du am besten mit dem Lift zur *Shiligarnika-Gegend*.

Eine beliebte Wanderstrecke führt von Dobrinishte zur *Bezbog-Hütte*, dann über den Biwak *Tevno Ezero* zur *Demyanitsa-Hütte* und weiter nach Bansko. Diese anspruchsvolle Hochgebirgswanderung ist nur mit Übernachtungen möglich. Den besten Fisch vom Grill gibt es im Komplex *Ribarnika (ribarnika.bg | €€)* 4 km von Dobrinishte. Wer mag, kann seine Forellen dort selbst angeln. Ansonsten sind Zelten und Angeln im Nationalpark verboten. Viele Hotels in Bansko organisieren geführte Bergtouren. *C7–8*

9 KOVACHEVITSA & LESHTEN

65 km bis Kovachevitsa südöstlich von Bansko/1 ½ Std. über die N 19

Hier scheint die Zeit stehen geblieben zu sein: Die beiden Dörfer im westlichsten Teil der Rhodopen stehen komplett unter Denkmalschutz. Traditionelle Häuser aus Holz und Stein säumen enge Kopfsteinpflastergassen, Autoverkehr gibt es hier kaum. Vor allem in Kovachevitsa hat sich in den letzten Jahren eine kleine Künstlerko-

lonie etabliert. Als wäre der Blick von der Terrasse auf Rila- und Pirin-Gebirge nicht schon Grund genug, hier Rast zu machen, serviert das schlicht *krechma* (Kneipe) *(€)* genannte kleine Restaurant in Leshten auch noch exzellente Hausmannskost. Getoppt wird das nur durch die *Brothers Tavern (Tel. 088 8 34 74 78 | €)*, die allein schon die Übernachtung in Kovachevitsa rechtfertigt. Um dich durch all die Köfte- und *Kebapcheta*-Varianten durchzufuttern, bräuchtest du mindestens eine Woche – und viel Bewegung: Die Umgebung ist ideal für Wander- oder Reitausflüge *(kovachevitca.com)*. *D8*

MELNIK

(C8) ★ **Die kleinste Stadt Bulgariens hatte 1880 noch 20 000 Ew. – nur 1000 weniger, als Sofia damals zählte. Der zweite Balkankrieg 1913 zerstörte den Ort fast vollständig und mit ihm die Handelswege.**

Heute ist Melnik ein gerade einmal 250 Einwohner zählendes Kaff abseits vom Schuss. Mit seinen eng an die unwirklich erscheinenden, rötlichen Sandsteinfelsen geklatschten traditionellen Häusern, einige aufwendig renoviert, einige dem Zerfall anheimgegeben, wirkt der Ort ein wenig wie vom Himmel gefallen. Neben Wein- und Tabakanbau hält vor allem der Tourismus Melnik am Leben. Viele der Häuser sind einzigartige Denkmäler der älteren und neueren Baukunst mit wunderschöne Holzschnitzereien, Ikonen, Glas- und Wandmalereien. Unter den etwa 100 erhalten gebliebenen, architektonisch bedeutsamen Wohnhäusern sind zahlreiche Prachtstücke. Das älteste ist das *Bolyarskata Kashta (Bojaren-Haus)* aus dem 13. Jh., das aber leider nicht gut erhalten ist.

An zackigen Felsen vorbei winden sich von Gras und Wermut gesäumte Pfade mit traumhaften Ausblicken. Dazwischen wachsen die Rebstöcke, denen der schwere, dunkelrote Wein der Gegend zu verdanken ist. Besonders faszinierend sind die riesigen Weinkeller, die unter den Felsen und den Häusern ausgehöhlt wurden, damit eine beständige Temperatur gewährleistet war. Melnik kommt ohne Straßennamen aus, aber du wirst keine Schwierigkeiten haben, dich zurechtzufinden – mehr als zwei Straßen und ein paar Sackgassen hat der Ort nicht.

SIGHTSEEING

PASHOVATA KASHTA (PASHOV-HAUS)

In dem Haus von 1815 ist das Städtische Museum untergebracht, aber schon das Gebäude selbst mit seinen wunderschönen holzgeschnitzten Zimmerdecken und Marmorkaminen ist sehenswert. *Tgl. 9–12 und 13–17 Uhr*

KORDOPULOVATA KASHTA (KORDOPULOV-HAUS)

Das eindrucksvolle vierstöckige Haus am Ende der Straße, die sich durch den Ort den Hang hinaufschlängelt, hat sich ein Weinhändler in der Mitte des 18. Jhs. gegönnt. Schön sind vor allem die 24 zweireihigen Fenster im Salon, deren obere Reihe aus farbigem venezianischem Glas besteht. Trunken von all der architektonischen Pracht, kannst du am Ende des Rundgangs noch eins draufsetzen: mit ei-

Sogar eine Rebsorte ist nach der Stadt benannt: Weinkeller in – oder besser: unter – Melnik

INSIDER-TIPP **Mach ein Fass auf!**

ner Weinprobe im in den Felsen gehauenen Keller. Hier reift der lokale Rotwein in riesigen Fässern – manche fassen 10 000 l! *Tgl. 9.30–18.30, im Winter bis 16.30 Uhr*

ESSEN & TRINKEN

Verschiedene Weinkeller *(vinarna)* im Ort servieren Melniks wichtigstes Erzeugnis: den Rotwein. Die Rebsorte Melnik ist eine der ältesten Bulgariens und wächst ausschließlich in dieser Region. Typisch sind die kleinen Beeren und die dünne, blaue Schale der Traube. Die Weine sind schwer, haben eine satte, dunkelrote Farbe und einen hohen Alkoholgehalt.

MENCHEVA KASHTA

Die Entscheidung ist schwierig: Draußen auf der hölzernen Terrasse sitzen und die entspannte Atmosphäre der Stadt genießen oder doch lieber ein lauschiges Plätzchen in der überbordenden lokaltypischen Dekoration? Wie auch immer: Diese typisch bulgarische *mehana* bietet nicht nur vorzügliche lokale Küche, sondern natürlich auch eine Auswahl eigener Weine. *Haus Nr. 46 | €–€€*

RUND UM MELNIK

10 ROZHENSKI MANASTIR (ROZHEN-KLOSTER)

7 km nordöstlich von Melnik/15 Min. über die N 109

Das Kloster liegt auf einer Anhöhe inmitten der als Pyramiden von Melnik bekannten bizarren Sandsteinformationen. Es ist eine Oase der Ruhe und Einkehr und unumstritten eines der schönsten des Landes. Das genaue Gründungsdatum ist unbekannt, Historiker vermuten aber, dass es im 10. Jh. liegt. Die heute noch zu sehenden Gebäude wurden nach einem Brand im 18. Jh. errichtet. Sein kleiner Ikonostas – die dreiteilige, mit Ikonen geschmückte Wand – ist ein Meisterwerk der Holzschnitzerei. Wertvolle, leider nicht besonders gut erhaltene Wandmalereien aus dem frühen 17. Jh. finden sich an der südlichen Außenwand der Klosterkirche Mariä Geburt. Auf dem Weg zum Kloster liegt in *Karlanovo* das kleine Hotel *Vodenitsata (Facebook | €)*, zu dem eine erstklassige *mehana* gehört – ein schöner Mittagsstopp, wenn du mit dem Auto unterwegs bist. Es gibt aber auch einen gerade mal 4 km langen Wanderweg, der durch einen Wald von rötlich schimmernden Felsnadeln zum Kloster führt. Atemraubende Ausblicke sind garantiert! Solltest du auf den

INSIDER-TIPP
Pyramiden-hopping

Dicke Steinmauern umgeben den Innenhof des Rozhen-Klosters

Geschmack gekommen sein, kannst du den Ausflug zu einer Tageswanderung ausdehnen: Bieg dazu vom Kloster kommend an der Kirche St. Kyrill und Methodius rechts ab und folg dem Weg 6 km bis nach *Zlatolist*. Der dortigen Kirche *Sv. Georg* werden heilende Kräfte zugeschrieben. Die skurrilen und im doppelten Wortsinn ziemlich unorthodoxen Wandmalereien lohnen die Besichtigung allemal. Von Zlatolist sind es weitere 5 km zurück nach Melnik. *C8*

VIDIN

(B1) **Vidin ist die größte Stadt (67 000 Ew.) im noch wenig entwickelten, vom Tourismus kaum berührten nordwestlichen Zipfel Bulgariens. Vom rumänischen Calafat ist sie per Zug und Auto über eine moderne, architektonisch gelungene Donaubrücke zu erreichen.**

Der von ihrem Bau erhoffte Impuls für die regionale Wirtschaft durch Ansiedlung großer Industrieunternehmen hat sich bisher noch nicht eingestellt. So ist die Gegend um Vidin noch immer eine der ärmsten Regionen der EU. Der ausbleibende wirtschaftliche Boom verleiht der Stadt eine gewisse Beschaulichkeit, eine durch die träge dahinfließende Donau noch verstärkte Gelassenheit. Nein, schön ist Vidin nicht, hat aber einen gewissen Retrocharme. Radreisenden ist die Stadt als einziger bulgarischer Zwischenstopp auf dem Donauradweg bekannt, der aus Serbien kommend das Land gleich wieder Richtung Rumänien verlässt.

Gegründet im 3. Jh. v. Chr. als römische Siedlung, war Vidin im Mittelalter eine bedeutende bulgarische Festung, nicht zuletzt wegen ihrer strategisch wichtigen Lage an der Donau. Auch im Osmanischen Reich war die Stadt ein bedeutendes administratives und wirtschaftliches Zentrum. Deshalb wurde sie im Verlauf der Zeit mehrfach von den Truppen der Habsburger eingenommen. Spuren dieser Epochen sind im Stadtbild noch immer zu finden.

SIGHTSEEING

BABA VIDA

Wer hier landete, hatte keine Hoffnung mehr: Mit einem Schaudern

Hast du vorher wohl noch nie gesehen: Malerei mit Fledermauskot in der Magura-Höhle

wirst du dich an all deine Sünden erinnern, wenn du durch die finsteren Kerker der Festung streifst. Die Anlage am Flussufer ist die am besten erhaltene mittelalterliche Festung in Bulgarien, hier lässt sich Geschichte hautnah erleben. Sie wurde im 10.–14. Jh. auf den Fundamenten eines römischen Verteidigungsturms errichtet. Wallanlagen, Verteidigungstürme und Teile des zweistöckigen Hauptgebäudes sind noch zu sehen.

In der Festung wurden zahlreiche bulgarische und ausländische Filme gedreht. Zum Komplex gehören ein Museum und eine Theaterbühne. In der Nacht wird die Anlage eindrucksvoll beleuchtet. *Sommer Mo–Fr 9–17.30, Sa/So 9.30–17.30, Winter tgl. 10–17 Uhr* | ⏲ *45 Min.*

ESSEN & TRINKEN

PIZZARIA CLASSIC

Einen Designpreis bekommt das Restaurant gegenüber dem Flussbahnhof nicht, aber die Pizza ist gut und es gibt als Zugabe zu den bulgarischen und italienischen Spezialitäten ein paar Sitzplätze draußen mit Blick auf die Donau. *Ulitsa Tsar Aleksandar II 25* | *pizzabg.com* | *€–€€*

MILANOVATA KASHTA ⚑

Von außen wirkt es eher unscheinbar, doch nach hinten öffnet sich ein riesiger, verwunschen wirkender Garten mit allerlei bulgarischem Nippes. Die Weinauswahl in dem familiengeführten Restaurant ist phantastisch, die vor allem auf traditionelle bulgarische

Kost spezialisierte Küche lässt nichts zu wünschen übrig. *Ulitsa Vela Peeva 36 | Facebook | €–€€*

RUND UM VIDIN

11 PESHTERA MAGURA (MAGURA-HÖHLE)

45 km südwestlich von Vidin/1 Std. über die N 1 und N 1104

In ihren 2500 m langen Labyrinthen öffnen sich Hallen mit kolossalen Maßen: Längen von über 200 m, Breiten von mehr als 50 m und Höhen von mehr als 20 m – diese eindrucksvolle Höhle ist eine der größten Bulgariens. Ausgrabungen zeigen, dass die Höhle bereits vor 7000 Jahren bewohnt war. In der sogenannten *Gemäldegalerie* haben prähistorische Künstler über 700 Kult- und Jagdszenen gezeichnet, die teilweise erstaunlich plastisch wirken. Da dieser Raum ein Grad wärmer ist als der Rest der Höhle (ca. 13 Grad), bevorzugten ihn die ansässigen Fledermauskolonien, deren Kot damals für die Wandmalereien verwendet wurde. Nicht weit davon, im *Sonnensaal,* ziert ein Jahreskalender aus der Bronzezeit die Wände.

Ein Teil der Höhle dient heute als Weinkeller: Hier werden Flaschen des einzigen in Bulgarien nach dem Champagnerverfahren produzierten Schaumweins gelagert. Und in der großen *Triumphhalle* gibt die Philharmonie Vidin gelegentlich Konzerte. *Mo–Fr 10–16, Sa/So 10–16.30 Uhr |* *A2*

12 BELOGRADCHISKI SKALI (FELSEN VON BELOGRADCHIK)

55 km südlich von Vidin/1 Std. über die N 1 und N 102

Diese Felsen ähneln Menschen, Tieren und Schlössern und wurden mit Namen und Geschichten versehen, die Reiseführer vor Ort gern zum Besten geben. Zwischen den Felsen liegen die Reste einer alten Festung, die bis 1885 Verteidigungszwecken diente. *Tgl. 9–17, Sommer bis 18 Uhr |* *A2*

SCHÖNER SCHLAFEN IN SOFIA & WESTBULGARIEN

OASE DER RUHE

Ja, das Hotel *L do Rado (18 Zi. | Ulitsa Tsvetna Gradina 16 | Tel. 088 2 14 54 10 | l-do-rado.com | €€)* liegt ein wenig außerhalb. Das kann aber in einer recht lauten und hektischen Stadt wie Sofia auch von Vorteil sein. Tolle Zimmer, super Service, ein traumhafter Garten – und ins Vitosha-Gebirge ist es auch nicht weit.

HOME SWEET HOME

Schlafen wie vor 100 Jahren mit dem Komfort von heute – so könnte das Motto des *Bansko Villa Zlateva House (5 Zi. | Ulitsa Edelvays 9 | Tel. 088 9 94 94 49 | banskovilla.com | €€)* in Bansko lauten. Du wohnst in einer wunderbar renovierten Familienresidenz aus dem 19. Jh. – und das Restaurant wäre allein schon ein Grund, hier zu übernachten.

ZENTRAL-BULGARIEN

HIER WIRD GESCHICHTE LEBENDIG

Die Ortschaften in Zentralbulgarien sind von unterschiedlichen Epochen und Kulturen geprägt. In Veliko Tarnovo und Umgebung stand die Wiege des neuzeitlichen bulgarischen Staats, überall im mittleren Teil des Balkans begegnen dir Reminiszenzen an die „Nationale Wiedergeburt".

In Plovdiv weisen viele Spuren auf die thrakische Zeit hin und darauf, dass hier während des Osmanischen Reichs eines der Zentren der europäischen Türkei lag. Der zentrale Teil des Balkans und das ihm

Auf drei Hügeln erbaut: die verwinkelte Altstadt von Plovdiv

vorgelagerte Mittelgebirge Sredna Gora sind leicht zugänglich. Am besten lässt sich die Gegend von Veliko Tarnovo oder Stara Zagora aus erschließen. Im Süden von Veliko Tarnovo befindet sich die kompakteste Ansammlung von Museumsstädten und Orten unter Denkmalschutz – darunter Bozhentsi und Etara – und nicht weit westlich von Stara Zagora liegt das Rosental. Allein Koprivshtitsa macht eine längere Fahrt erforderlich, doch das märchenhafte Städtchen sollte man gesehen haben.

ZENTRALBULGARIEN
ПЛЕВЕНСКА
PLEVEN
Ловеч
Lovech
Угърчин
Ugarchin
Ябланица
Yablanitsa
17 Saeva Dupka
ЛОВЕШКА
LOVECH
Ботевград
Botevgrad
Тетевен
Teteven
Troyan 15
16 Troyanski Manas
(Kloster Troyan)
A2
Етрополе
Etropole
180 km, 3 Std.
Клисура
Klisura
СОФИЙСКА ОБЛАСТ
SOFIYA
Пирдоп
Pirdop
7 Koprivshtitsa
Карлово
Karlovo
Панагюрище
Panagyurishte
Хисаря
Hisarya
Ихтиман
Ihtiman
Staro Zhelezare 6
ПАЗАРДЖИКСКА
PAZARDZHIK
ПЛОВДИВСКА
PLOVDIV
A1
Съединение
Saedinenie
Раковски
Rakovski
Костенец
Kostenets
275 km, 5 Std.
Пазарджик
Pazardzhik
5
Rhodopenbahn
Altstadt
Marica
Plovdiv
S. 70
Куклен
Kuklen
Кричим
Krichim
Asenovgrad 1
Jaz. Batak
Батак
Batak
Bachkovski Manastir (Bachkovo-Kloster) 2
Лъки
Laki
Сърница
Sarnitsa
Девин
Devin
СМОЛЯНСКА
SMOLYAN
Jaz. Dospat
Trigradsko Zhdrelo
(Trigrad-Schlucht)
3 Pamporovo
Смолян
Smolyan
20 km
12.43 mi
4 Trigrad

MARCO POLO HIGHLIGHTS

★ **ALTSTADT VON PLOVDIV**
In der historischen Altstadt von Plovdiv tauchst du ein in die lange und wechselvolle Geschichte der Stadt ➤ S. 70

★ **BACHKOVO-KLOSTER**
Herrliche Klosteranlage mit einzigartigen Wandmalereien ➤ S. 75

★ **KOPRIVSHTITSA**
Eine sanfte Sinfonie aus Natur, Farbe und Baukunst im Mittelgebirge ➤ S. 77

★ **ARBANASI**
Komplett restauriertes Händlerdorf, einzigartig in Bulgarien ➤ S. 84

★ **TRIGRADSKO ZHDRELO**
Steile Felswände und des „Teufels Rachen": die Trigrad-Schlucht ➤ S. 76

★ **VELIKO TARNOVO**
Die denkmalgeschützte ehemalige Hauptstadt ist eine faszinierende Konstruktion auf Felsterrassen ➤ S. 81

★ **BOZHENTSI**
Lebendiges Museumsdorf in malerischer Umgebung ➤ S. 85

★ **ETARA**
Das Freilichtmuseum ist eine Schatzkammer alter Handwerkskunst ➤ S. 85

PLOVDIV

(📖 F6) **Plovdivs Prachtstück ist schon von Weitem sichtbar: Auf den drei Hügeln Nebet Tepe, Djambaz Tepe und Taksim Tepe erhebt sich die Altstadt.**

Willkommen in einer der spannendsten Städte Europas! Nicht umsonst war Plovdiv Kulturhauptstadt 2019. Beim Rundgang streifst du durch die Stadtgeschichte, beginnend mit der Besiedlung durch die Thraker über die römische und die osmanische Zeit bis zur Zeit der Nationalen Wiedergeburt im 18. und 19. Jh. Damals erlebte Plovdiv eine neue Blüte als Handelsstadt, von der viele schöne Häuser der Kaufleute zeugen. Mittelpunkt des Geschehens ist die belebte Fußgängerzone, auf der du entlang von sehenswerten Gebäuden aller Epochen, zahlreichen Cafés und zum Teil unter Laubbäumen bis zum Flussufer der Maritsa flanieren kannst.

INSIDER-TIPP
Der Weg ist das Ziel

Plovdiv ist die ideale Stadt, um dich einfach treiben zu lassen!

WOHIN ZUERST?

Du startest am besten am **Ploshtad Tsentralen (Zentralplatz)**. Vom Bahnhof und vom Busbahnhof aus kommst du mit der Buslinie 26 hin. In der Neustadt gibt es gebührenpflichtige Parkplätze, weitere Parkmöglichkeiten bietet das **Ramada Plovdiv Trimontium** *(Ulitsa Kapitan Raicho 2)*.

Die Stadt ist sehr verwinkelt, am besten bummelst du erst einmal durch die Gassen, um dann die einzelnen Sehenswürdigkeiten gezielt anzusteuern. In der *Neustadt* befinden sich Ruinen aus der römischen und der osmanischen Zeit. Wie wär's mit einem Getränk am *Ploshtad Stefan Stambolov*, wo sich viele nette und das eine oder andere hippe Café angesiedelt haben?

SIGHTSEEING

ALTSTADT ★

In der Altstadt von Plovdiv leben und arbeiten heute nur noch 4500 der insgesamt 350 000 Einwohner. Sie wirkt wie ein bewohntes Freilichtmuseum, in dem die pittoresken Häuser aus dem 19. Jh., der Ära der Wiedergeburtsarchitektur, ein fast surreales Flair verströmen.

Das *Georgiadi-Haus (Ulitsa Tsanko Lavrenov 1)* sticht durch seine Fassade mit den Erkern und dem geschwungenen Vordach hervor. Das ☂ *Nedkovich-Haus (Sommer Mo–Fr 9.30–18, Winter 9–17.30 Uhr | Ulitsa Tsanko Lavrenov 3)* nebenan, ebenfalls ein Kaufmannshaus, erinnert an einen italienischen Palazzo. Die Ausgestaltung des Damenzimmers ist besonders sehenswert. Auch das *Hindliyan-Haus (tgl. 9–17.30, Sommer bis 18 Uhr | Ulitsa Artin Gidikov 11)* zeigt eine prächtige Inneneinrichtung – es gehörte einer reichen armenischen Kaufmannsfamilie. Wunderschön ist auch das ⚑ *Agir-Kujumzhioglu-Haus* von 1847 (s. folgender Eintrag). *oldplovdiv.com*

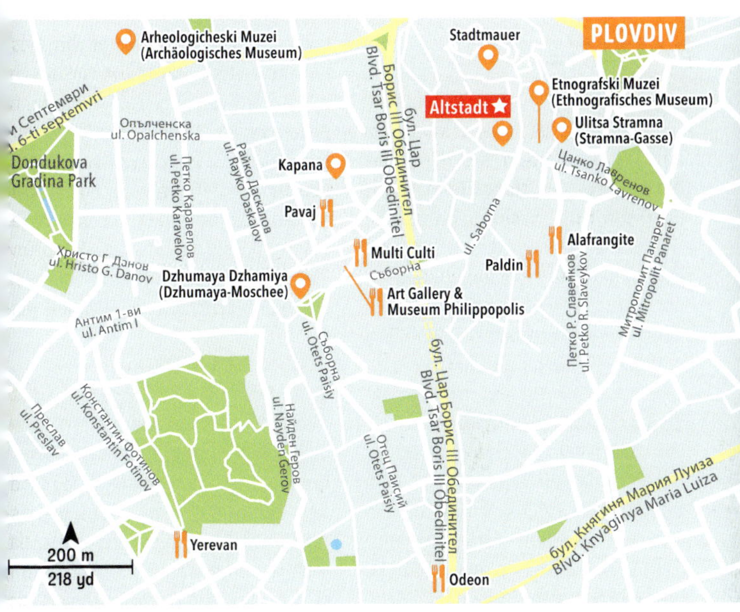

ETNOGRAFSKI MUZEI (ETHNOGRAFISCHES MUSEUM)

In dem reich dekorierten Haus ist im unteren Geschoss Handwerk der Wiedergeburtszeit ausgestellt. Interessanter sind aber die oberen Räume mit Mobiliar (viel mittel- und westeuropäischer Barock) und Trachten aus den Rhodopen. *Di–So 9–17, Sommer bis 18 Uhr | Ulitsa Dr. Stoyan Chomakov 2 | ethnograph.info | 30 Min.*

ULITSA STRAMNA (STRAMNA-GASSE)

In dieser Gasse direkt nebenan sind das alte Handwerk und das Kunsthandwerk zu Hause. Lust auf etwas Handgemachtes? In kleinen Werkstätten arbeiten Kupferschmiede, Kürschner oder Pantoffelmacher und ihre Produkte zieren Vitrinen und Wände der zum Teil winzigen Lädchen.

DER-TIPP
ämmern und Schmieden

STADTMAUER

Überreste der inneren Stadtmauer vom damaligen Philippopolis (4.–1. Jh. v. Chr.) befinden sich am Hügel *Nebet Tepe* im gleichnamigen Parkgelände.

KAPANA

Einmal im jahrhundertealten Handwerkerviertel zwischen Altstadt, Dzhumaya-Moschee und römischem Stadion eingetaucht, wird dich die einzigartige Atmosphäre gefangen halten. Die engen und verwinkelten Gässchen sind nach Gewerken benannt. Heute jedoch brüten in den Werkstätten, in denen früher Kessel geflickt, Sättel gemacht und Gold geschmiedet wurden,

Künstler und Kunsthandwerker ihre kreativen Projekte und Objekte aus. Einmal im Jahr, während des Kapanafests *(Facebook)*, sind der künstlerischen Produktivität keine Grenzen gesetzt. Du hast die Wahl zwischen ca. 300 Projekten und 500 Veranstaltungen. Von der Überdosis Kultur kannst du dich dann in stilvollen Cafés, Restaurants und Bars erholen.

INSIDER-TIPP
Kunst und Kultur satt

DZHUMAYA DZHAMIYA (DZHUMAYA-MOSCHEE)

Die Fassade der Moschee aus dem frühen 15. Jh. schmückt eine Sonnenuhr. Im Inneren sind kunstvolle Schmuckfriese mit Koransuren zu sehen. *Ploshtad Dzhumaya*

ARHEOLOGICHESKI MUZEI (ARCHÄOLOGISCHES MUSEUM)

Der bedeutendste Schatz hier ist der Goldfund aus Panagyurishte. Er besteht aus neun Gefäßen und wiegt insgesamt 6 kg. Andere sehenswerte Exponate sind die bronzezeitlichen Grabstätten aus der Region um Plovdiv, ein Bronzehelm aus Brestovitsa aus der thrakischen Zeit sowie byzantinische Goldmünzen aus dem 12. Jh. *Di–So 10–18, Winter Di–Sa 9.30–17 Uhr | Ploshtad Saedinenie 1 | archaeologicalmuseumplovdiv.org | 30 Min.*

RÖMISCHES PLOVDIV

Solltest du in der Schule das Thema römische Geschichte verschlafen haben – in Plovdiv bietet sich die einmalige Gelegenheit, Wissenslücken zu schließen. Schau dir beim *Römischen Forum* am Ploshtad Tsentralen zwischen dem Hotel Trimontium und der Hauptpost die mit original römischen Steinplatten belegten Straßen und Fundamente der Gebäude an, stell dir beim *Römischen Stadion* aus dem 2. Jh. am Ploshtad Dzhumaya die Gladiatoren beim Kampf vor. Mit dem Sommer

Im Restaurant Philippopolis isst du im Garten mit Blick aufs Szeneviertel Kapana

ommt die Musik: Von den Rängen es *Römischen Theaters (tgl. 9–17.30, ommer bis 18 Uhr)* in der Altstadt am üdhang des Djambaz Tepe, oberhalb es Tunnels und der Ulitsa Ivajlo, kannst u regelmäßig Theater- oder Opern-ufführungen und Konzerte genießen.

ESSEN & TRINKEN

AVAJ

Jnderstatement ist das Motto, sogar uf eine lateinische Umschrift auf dem Restaurantschild hat man verzichtet. iest du also NAWBAM auf der Markie, bist du richtig in diesem kleinen, ber sehr feinen Restaurant, das internationales und vor allem bulgarisches ssen mit einer besonderen Note anietet. *Ulitsa Zlatarska 7 | Facebook | €€*

MULTI CULTI

ust auf eine entspannte Weltreise lurch die Speisekarte? Dieses gechmackvoll eingerichtete Restaurant m Kapana-Viertel war das „Best Brunch Restaurant 2018". Zu Recht! *Jlitsa Abadzhiyska 6a | Facebook | €*

ART GALLERY & MUSEUM PHILIPPOPOLIS

m Innern speist du umgeben von Kunstwerken, im Garten hast du einen ollen Blick auf das Szeneviertel Kapana: Das Philippopolis ist ein kleines Museum mit Kunstgalerie und angeschlossenem Restaurant. *Ulitsa Saborna 29 | philippopolis.com | €€*

PALDIN

Gönn dir was! Wann kann man schon einmal in einem alten Kloster essen. Das vornehmste Haus in der Altstadt, vielleicht einen Tick zu touristisch. An manchen Abenden Livemusik. Auf der Speisekarte findest du eine große Vielfalt typisch bulgarischer Gerichte. *Ulitsa Knyaz Tseretelev 3 | €€–€€€*

ALAFRANGITE

Du schaust auf das wunderschöne Gebäude aus dem 19. Jh., setzt dich in den einladenden Garten und denkst dir: Wenn jetzt auch noch das Essen gut wäre ... Ist es! Bulgarische und europäische Küche mit Klaviermusik. *Ulitsa Kiril Nektariev 13 | €€*

YEREVAN

INSIDER-TIPP
Gruß aus Armenien

In die armenische Küche des Yerevan würde man sich am liebsten reinlegen. Besonders lecker sind die gemischten Vorspeisenplatten; absolutes Muss ist aber die *anush abur,* eine süße Suppe aus Weizen und getrockneten Früchten. *Ploshtad Grozdov Pazar 1a | €€*

ODEON

Obwohl ein Hotelrestaurant, ist das Odeon durchaus eigenständig und empfehlenswert. Opulent und kunstvoll eingerichtet und wunderbar am römischen Forum gelegen. Bulgarische und mitteleuropäische Küche, auch vegane Gerichte. Sommerterrasse. *Ulitsa Otets Paisii 40 | €€–€€€*

SHOPPEN

Die Boutiquen der kilometerlangen Fußgängerzone *Knyaz Aleksandar I* üben eine magische Anziehungskraft auf Kauflustige aus. Auch Modemuffel und Bücherwürmer werden hier fündig. Für preiswertes Allerlei bietet sich die „kleine Hauptstraße" *Ulitsa Rayko Dakalov* mit dem Einkaufszentrum *Halli* an. Soll es etwas Ausgefalleneres sein: auf zu den Galerien und Werkstätten im Stadtteil Kapana!

AUSGEHEN & FEIERN

BARS & CLUBS

In der *Ulitsa Knyaz Aleksandar*, um den *Ploshtad Stamboliyski* herum und in der Altstadt haben sich lebhafte Zentren mit Cafés, Bars und Clubs etabliert. An Wochenenden lockt der äußerst beliebte *Void Club (Ulitsa Atanas Samokovetsa | Facebook)* Partyhungrige mit Musikevents und Livekonzerten. Pubfans, die gern zu alternativen Rhythmen tanzen, werden sich im *Petnoto (Ulitsa Joakim Gruev 36 | Facebook)* absolut wohlfühlen. Magst du es gerne ruhiger, möchtest aber trotzdem nicht auf gute Musik verzichten, dann ist das *Groove Music & Art Kabana (Ulitsa Atanas Samokovetsa 9 | Facebook)* das Lokal deiner Wahl. Manchmal gibt es hier auch Livekonzerte. Für Cocktails ist das *Barber & Cat (Ulitsa Georgi Benkovski 14)* im Kapana-Viertel *die* angesagte Adresse. Mit 150 verschiedenen Biersorten aus aller Welt ist die *Cat and Mouse Craft Beer Bar (Ulitsa Hristo Dyukmedzhiev 14 | catandmouse.bg)* das Paradies für produktive Biertrinker: Die Bar ist nämlich gleichzeitig ein Coworking Space – so kurz ist der Weg vom Schreibtisch zum Feierabendbier nirgends!

INSIDER-TIPP
Gehopfte Arbeit

OPER, KONZERTE & THEATER

Symphoniekonzerte und Opernau führungen finden im *Kulturhaus Bor Hristov (Ulitsa Gladston 25)* statt. I Sommer nutzt die Plovdiver Op auch regelmäßig das Römische Theater in der Altstadt. Die Konzerte des r nommierten *Festivals der Kammemusik* im Juni und September finde im Hof des Ethnografischen Museum statt, wo einheimische Künstler de ganzen Sommer hinweg gastiere Klassisches Theater ist im *Hauptha (Ulitsa Knyaz Aleksandar 36)* sowie i der Saison im Römischen Theater z sehen.

RUND UM PLOVDIV

1 ASENOVGRAD

20 km südlich von Plovdiv/40 Min. über die N 86

Die Straße 86 von Plovdiv über Asenovgrad nach Smoljan gehört zu den landschaftlich schönsten Strecken in der Rhodopen. Asenovgrad (50 000 Ew. besitzt mit der Festung *Asenova Krepost* eine der ältesten Burgen Bulgariens. Die Festungsanlage am Ende eines malerischen Tals in den Ausläufern der Rhodopen begeistert vor allem durch die exponierte Position de zweigeschossigen Kirche *Sv. Bogorodditsa Petrichka*. Wegen ihrer geschützen Lage im Gebirge herrscht in de Stadt ein sehr angenehmes Klima ideal für den Weinanbau, der hier betrieben wird. F7

Kloster Bachkovo: nach Rila das zweitgrößte und zweitwichtigste Kloster des Landes

2 BACHKOVSKI MANASTIR (BACHKOVO-KLOSTER) ★

30 km südlich von Plovdiv/1 Std. über Asenovgrad

Das mitten in der Bergwelt der Rhodopen gelegene Kloster ist das zweitgrößte Bulgariens nach dem Rila-Kloster und steht auch hinsichtlich seiner Bedeutung für die Architektur, die Kunst und das geistige Leben des Landes an zweiter Stelle. Gegründet wurde das Kloster 1083 und war zunächst abwechselnd in bulgarischem und byzantinischem Besitz, bevor Mitte des 14. Jhs. der bulgarische Zar Ivan Aleksandar seine Macht über die Rhodopen festigte.

Das älteste Gebäude ist das Beinhaus, eine Kirchengruft, der Rest geht im Wesentlichen auf den Wiederaufbau im 17. Jh. zurück. 1604 wurde die Hauptkirche ⚑ *Sv. Bogoroditsa* als Kreuzkuppelkirche errichtet. Diese Kirche ist als einziger monumentaler Kultbau der Bulgaren aus der Zeit vor der Nationalen Wiedergeburt erhalten geblieben.

Die bedeutendsten Wandmalereien befinden sich in der *Nikolaikirche* im Südhof der Anlage. Die 1840 fertiggestellten Schöpfungen sind in die bulgarische Kunstgeschichte als erste bezeugte Werke des Meisters Zahary Zograf eingegangen: Hier finden sich nämlich das erste Selbstbildnis eines bulgarischen Malers sowie die ersten echten Genrebilder und realistischen Landschaftsdarstellungen. *F7*

3 PAMPOROVO

85 km südlich von Plovdiv/2 Std. über die N 86

Das beliebte Wintersportzentrum liegt auf 1620 m am Fuß des Bergs Snezhanka. Bergwanderer, die eher sanftere Gipfel bevorzugen, sind hier besser aufgehoben als im Rila- oder im Pirin-Gebirge: Die Sonne scheint fast das ganze Jahr über und blumenbedeckte Wiesen, stille Seen, rauschende Bäche, duftende Kräuter machen Lust auf Touren in der Natur. Von Ende Dezember bis Ende März herrschen gute Schneebedingungen sowohl für Abfahrer als auch für Langläufer. Die Alpinskipisten sind leicht bis mittelschwer und für Familien mit Kindern gut geeignet.

Nur der Ort selbst ist mit seinen Hotelburgen und fast ausschließlich touristischer Infrastruktur kein Hingucker. Hast du einen fahrbaren Untersatz und macht dir ein wenig tägliche Anfahrt zum Skigebiet nichts aus: Das kleine Örtchen *Shiroka Laka* 20 Autominuten westlich ist mit seiner traditionellen Architektur und relaxten Stimmung die weitaus angenehmere Übernachtungsbasis. *pamporovo.me* | *F8*

INSIDER-TIPP
Weg von den Massen

4 TRIGRAD

115 km südwestlich von Plovdiv/ 2 ¾ Std. über die N 866 und N 197

Lass dich von der längeren Fahrt nicht abschrecken – sie führt zu einem der schönsten Flecken Bulgariens. Nach ca. 100 km wird die Straße ab dem Dorf Teshel immer schmaler, die Felsen am Straßenrand werden immer höher. Nach weiteren etwa 10 km is die engste Stelle erreicht: die ★ *Tr gradsko Zhdrelo (Trigrad-Schlucht)* mi den Höhlen *Haramiyska* und *Dyavolksc Garlo,* in der ein unterirdischer, 60 m hoher Wasserfall zu sehen ist. Der Legende nach ist dies der Ort, von dem Orpheus in die Unterwelt hinabstieg um seine Geliebte Eurydike zu suchen – „Teufelsrachen" heißt die Höhle daher auch. Täglich zwischen 10 und 1 Uhr werden 30-minütige Führungen angeboten; eine individuelle Besichtigung ist nicht möglich.

Auch die Haramiyska-Höhle ist nu mit Führung zu durchqueren. Die Höhlenwanderung hier ist anspruchs voller und dauert vier bis fünf Stunden: ein Abenteuer für Sportliche.

Die Höhle *Yagodinska Peshtera (yago dinska-peshtera.com)* etwas weite nordwestlich von Trigrad regt mit ihren skurrilen Felsformationen die Phantasie an und beherbergt außerdem die Reste einer neolithischen Höhlensiedlung. Auch für diese Wanderung empfehlen sich auf jeden Fall feste Schuhe und ein lokaler Führer. Infos Bergführer und Ausrüstung im *Hote Silivryak (Tel. 03040 22 20)* in Trigrad. Ist dir nach all den dunklen Höhlen nach viel Licht und frischer Luft, dann ist die Wanderung über den Bergrücken zwischen Trigrad und Yagodina ideal. *E8*

5 RHODOPENBAHN

55 km bis Septemvri westlich von Plovdiv/1 ¼ Std. über die N 8

Bist du im Herzen ein Eisenbahne oder schätzt du einfach nur die gemächliche Art der Fortbewegung au

Sanfter als Rila- oder Pirin-Gebirge: Pamporovo ist ideal für entspannte Langläufer

ER-TIPP
ut tut tut
e Eisenbahn

Schienen, ist die schmalspurige Rhodopenbahn wie geschaffen für dich. Fünf Stunden benötigt sie für die 124 km zwischen Septemvri in den Rhodopen durchs Rila-Gebirge nach Dobrinishte im Pirin-Gebirge. Für knapp 3,50 Euro pro einfache Fahrt hast du unbezahlbare Ausblicke auf Berge, Wälder, Flüsschen und das eine oder andere wie aus der Zeit gefallene Städtchen. Vier Mal täglich fährt die Bahn in beide Richtungen. Immer am Georgstag, dem 23. April, kommen die Freunde der Schmalspurbahn bei Dudelsackmusik, Tänzen und Liedern am Bahnhof Jakoruda zu einem Fest zusammen. *tesnolineikata.com* | *D6–C7*

6 STARO ZHELEZARE

40 km nördlich von Plovdiv/50 Min. über die N 64 und N 642

Im „Dorf der Persönlichkeiten" haben der im Ort geborene Künstler Ventsislav Pirjankov und seine Frau Katashina die Mauern des Dörfchens mit realistischen Porträts berühmter Persönlichkeiten und Einheimischer bemalt. Auch Angela Merkel ist hier verewigt. Kunstfreunde aus aller Welt besuchen die Open-Air-Galerie. Inzwischen ist daraus ein jährliches Street-Art-Festival geworden. Sehenswert ist auch das astronomische Observatorium *Cholakova Mogila* aus thrakischer Zeit, das „bulgarische Stonehenge", in unmittelbarer Nähe. *starozhelezare.blogspot.com* | *F5*

INSIDER-TIPP
Mauermutti

7 KOPRIVSHTITSA ★

90 km nordwestlich von Plovdiv/ 2 Std. über Streltsa

Ein liebliches Tal im Mittelgebirge Sredna Gora, umgeben von bewaldeten Hängen, durchzogen von zwei Flüssen, darin ein verwinkeltes Dorf mit Bilderbuchhäuschen, Kirchen, Brunnen und Brücken aus dem 18.

und 19. Jh.: Koprivshtitsa ist einmalig mit seinem geschlossenen Ortsbild und der ausgezeichnet erhaltenen und restaurierten Architektur. Ⓜ E5

STARA ZAGORA

(Ⓜ H5–6) **Das heutige Erscheinungsbild von Stara Zagora (148 000 Ew.) mit geraden, meist von Linden gesäumten Straßen, ist ein explizit modernes. Dabei ist es eine der ältesten Städte Europas.**

Im russisch-türkischen Krieg 1877/78 zerstört, wurde Stara Zagora mit einem geometrischen Grundriss neu aufgebaut. Pulsierende Lebensader ist der Fußgängern vorbehaltene breite *Bulevard Tsar Simeon Veliki* mit vielen Straßenlokalen, eingebettet in ausgedehnte Parkflächen. Stara Zagora hat als Universitätsstadt ein studentisches Lebensgefühl und ist aufgrund ihres vielfältigen Kulturlebens und des lässigen Lebensgefühls vor allem bei jungen Bulgaren sehr beliebt. Die Nähe zum Meer ist dabei sicher auch kein Nachteil.

WOHIN ZUERST?

Dreh- und Angelpunkt ist der Bulevard Tsar Simeon Veliki mit seinen vielen Geschäften und Gaststätten. Ein beliebter Treffpunkt dort ist der **Park 5ti Oktomvri** am Kreuzungspunkt mit dem Bulevard Ruski. Vom Park aus sind die meisten Sehenswürdigkeiten zu Fuß zu erreichen.

SIGHTSEEING

FORUM AUGUSTA TRAYANA

In römischer Zeit war die Stadt ein wichtiges wirtschaftliches und politisches Zentrum der römischen Provinz Thrakien. Das Bauwerk hat die Form eines römischen Theaters mit zehn aufsteigenden Steinreihen, von denen die Zuschauer den Gladiatoren beim Kampf zusahen. Noch heute kannst du eindrucksvolle Überreste bewundern. Nördlich schließen sich die römischen Thermen an. *Di–So 10–18 Uhr bei Voranmeldung im Historischen Museum (Tel. 042 91 92 15 | rimstz.eu) | Bulevard Mitropolit M. Kusev*

NEOLITNI SHILISHTA (NEOLITHISCHE WOHNSTÄTTEN)

Einen Blick in die Lebensgewohnheiten der Menschen im 6. Jahrtausend v. Chr. kannst du in den beiden Wohnstätten erhaschen, die Archäologen als die am besten erhaltenen aus der Neusteinzeit in ganz Europa bezeichnen. Aus den gefundenen Nahrungsmitteln konnte man auf die Essgewohnheiten der Bewohner schließen. In einer Dauerausstellung sind urzeitliche Kunstgegenstände wie etwa mit geometrischen Figuren verzierte Tongefäße zu sehen. Die „Tarabuka", eine verzierte Bechertrommel, zeigt, dass die Menschen schon im 5. Jahrtausend v. Chr. gerne auf die Pauke hauten. *Di–Sa 9–12 und 13–17.30 Uhr | Ulitsa Armeiska 20 | ⏲ 20 Min.*

Von früh bis spät das Wohnzimmer der Stadt: der lindengesäumte Bulevard Tsar Simeon Veliki

ESSEN & TRINKEN

MANTOS

Appetit auf authentische griechische Küche? Hier hast du eine große Auswahl an Fisch und Meeresfrüchten. In der warmen Jahreszeit wird im großen Sommergarten serviert. *Bulevard Tsar Simeon Veliki 62 | Facebook | €€–€€€*

CARIA 65

Einmal selber Bier zapfen? Das geht in einem der populärsten Restaurants der Stadt mit vielfältiger und guter Küche. Im Sommer platzt der große Garten aus allen Nähten. *Bulevard Tsar Simeon Veliki 65 | caria65.com | €–€€*

TIFANY

Ein Koiteich mit Wasserfall im Garten, dazu gutes Essen und eine stilvolle Inneneinrichtung. Die Küche ist international ohne viel Schnörkel, aber gut. *Bulevard Tsar Simeon Veliki 1 | Facebook | €–€€*

SPORT & SPASS

Auf einem der höchsten Punkte der Stadt liegt der *Metodi-Kusev-Park,* von den Einheimischen meist *Ayasmoto-Park* genannt. Jogger ziehen ihre Kreise durch seine Alleen, im Sportkomplex *Beroe* wird Tennis gespielt. Auch für Fußball, Tischtennis, Schwimmen und Fitness stehen Anlagen zur Verfügung. Im Sommer gibt es Konzerte im Theater; Zoo und Botanischer Garten sind bei den Einheimischen beliebt.

AUSGEHEN & FEIERN

Bars und Clubs konzentrieren sich links und rechts des *Bulevard Tsar Simeon Veliki.* In der Rockbar *Drums (Bulevard Tsar Simeon Veliki 115 | drums1999.com)* gibts freitags Konzerte; auch *The House (Ulitsa Hristo Botev 99 | Facebook)* veranstaltet regelmäßig Liveshows. Craftbier in Hülle und Fülle, auch zum Mit-

INSIDER-TIPP
Beer to go – and to stay

nehmen, bietet die *Beer Kolobars (Bulevard Mitropolit Metodi Kusev 1b | beerkolobars.com)*. Das *Opernhaus (Bulevard Mitropolit Metodi Kusev 30 | operasz.bg)* ist das zweitgrößte Bulgariens. Im *Forum Augusta Trayana* finden vor allem Konzerte statt.

RUND UM STARA ZAGORA

8 ROZOVA DOLINA (ROSENTAL)

35 km bis Kazanlak nordwestlich von Stara Zagora/45 Min. über die N 5

In Bulgarien wird weltweit das meiste Rosenöl produziert. Gewonnen wird der Exportschlager im Rosental um Karlovo und Kazanlak, das sich zwischen den Gebirgszügen Balkan und Sredna Gora entlangzieht. Das tiefe Einatmen lohnt sich: Zur Erntezeit Ende Mai/Anfang Juni zieht betörender Rosenduft durchs Tal. Die Blüten werden per Hand geerntet, ab Sonnenaufgang bis höchstens mittags. So verlieren sie keine Feuchtigkeit. Die Menschen feiern das mehrtägige farbenfrohe Rosenfest, küren die Rosenkönigin und ziehen in Paraden durch Kazanlak und Karlovo. Das Rosental ist auch als „Tal der Thrakischen Könige" bekannt, einige der archäologisch wichtigsten Denkmäler aus dieser Zeit sind hier zu finden (s. Erlebnistour 2).

In *Kazanlak* (58 000 Ew.), der Hauptstadt des Rosentals, informiert das *Rosenmuseum (tgl. 9–18 Uhr | Ulitsa Voynishka 1 | muzei-kazanlak.org)* im Park Rosarium über die Ernte und die Her-

Hier gibts ordentlich was auf die Nase: unterwegs im Rosental stellung ätherischer Öle. Bist du auf den Geschmack gekommen, kannst du hier Öl und Kosmetik kaufen sowie Marmelade, Likör und Schnaps aus Rosenblättern probieren. Rosenöl ist nicht gleich Rosenöl. Das, was da überall für 2 Leva angeboten wird, ist letztendlich reine Chemie. Richtiges Rosenöl, das durch Destillation gewonnen wird, ist definitiv das bessere Mitbringsel.

DER-TIPP
e Essenz der Rose

Auch Wein wird in der Gegend angebaut, so heißt eine der Sorten entsprechend Rosentaler Kadarka – ältere Ostdeutsche erinnern sich. Als bedeutendstes thrakisches Grabmal im Tal der Rosen gilt das 1944 per Zufall entdeckte *Grab (tgl. 9–17.30 Uhr | im Tjulbeto-Park)*, das heute zum Unesco-Welterbe gehört. Um das Original zu schützen, ist lediglich eine Nachbildung zu besichtigen.

Soll es in die Berge von Sredna Gora gehen, startest du am besten vom Städtchen *Kalofer* aus. Die größte Attraktion Kalofers ist das *Geburtshaus von Hristo Botev (tgl. 8.30–12 und 13–17.30 Uhr | Ulitsa Hristo Botev)*, dem Poeten, utopischen Sozialisten und aktiven Revolutionär, der 1876 im Alter von nur 28 Jahren bei einer Aktion gegen die türkischen Herrscher getötet wurde. In *Karlovo* ist der bulgarische Nationalheld Vasil Levski geboren, dessen *Geburtshaus (tgl. 8.30–13 und 14–17 Uhr | Ulitsa General Karzov 57)* heute ein Museum zu seinen Ehren ist. Lohnend ist auch ein Gang durch die Altstadt von Karlovo mit einigen schön restaurierten Häusern aus dem 19. Jh. *F–G5*

9 BUZLUDZHA

60 km nordwestlich von Stara Zagora/ 1 Std. 20 Min. über Kazanlak

„Faszinierend", möchte man mit Mr. Spock ausrufen, wenn man am brutalistischen Ungetüm auf dem Balkangipfel Hadji Dimitar ankommt. Was aussieht wie eine fliegende Untertasse, ist ein historischer Versammlungssaal der bulgarischen Kommunisten. Ihre sozialistischen Nachfahren pilgern jeweils am ersten Sonntag im August hinauf, um in seinem Schatten soziale Gerechtigkeit zu beschwören. Was mit dem leer stehenden Baudenkmal geschehen soll, darüber wird seit Jahren gestritten. Derzeit ist eine Besichtigung nicht möglich, aber das Denkmal ist schon von außen beeindruckend. *buzludzha-monument.com/contact* | *G5*

VELIKO TARNOVO

(H4) **Südlich von ★ Veliko Tarnovo liegt der Balkan, im Norden erstreckt sich das Donautiefland und unten durch das Tal windet sich der Fluss Yantra.**

Die Stadt erinnert in ihrer Form an einen Vogel, der sich mit ausgebreiteten Schwingen auf den Felsterrassen niedergelassen hat. Große Teile der malerischen Altstadt stehen unter Denkmalschutz. Schon seit fünf Jahrtausenden ist diese wunderschön gelegene Stadt (66 000 Ew.) besiedelt. Bedeutende Schulen in der Literatur, Baukunst und Malerei haben hier ihren Ursprung, berühmte Vertreter der Nationalen Wiedergeburt stammen von hier. Die Überreste des Zarenschlosses und der Patriarchenkirche auf dem Hügel Tsarevets zeugen von der einstigen Rolle als Hauptstadt, die verwinkelten Gässchen im alten Teil südlich und nördlich der Straße Stefan Stambolov von der Zeit der Nationalen Wiedergeburt und der antitürkischen Bewegung. Die Atmosphäre des 19. Jhs. ist zwar erhalten geblieben, aber ein großer Teil der Gebäude hat erheblich gelitten.

SIGHTSEEING

TSAREVETS

Die natürliche Felsenfestung auf dem Tsarevets-Hügel bildete das politische und geistliche Zentrum des Zweiten Bulgarischen Reichs, dessen Hauptstadt Veliko Tarnovo vom 12. bis 14. Jh. war. Vom einstigen *Zarenpalast* sind die Fundamente freigelegt, ein Teil der Festungsmauern, darunter der *Balduin-Turm*, wurde restauriert. Bei den Ausgrabungen stieß man auch auf die Fundamente von Wohn- und Wirtschaftsbauten, Kirchen und Klöstern. Die Patriarchenkirche *Sv. Vaznesenie (Christi Himmelfahrt)* auf der Hügelspitze wurde in den 1980er-Jahren teilweise rekonstruiert und das Innere neu gestaltet. Die expressionistischen religiösen Fresken mit sozialistischen Charakteristika sind echtes Augenfutter! Apropos Augenfutter: Im gigantischen Licht-und-Ton-Spektakel *Zvuk i svetlina (Infos und Reservierung bei der Touristeninformation in der Ulitsa Hristo Botev 5 | velikoturnovo.info oder unter Tel. 088 5 08 08 65)* wird die Geschichte Bulgariens symbolisch dargestellt und mit eigens komponierter Musik und Lichteffekten in Szene gesetzt. *Tgl. 8–19, Winter 9–17 Uhr*

INSIDER-TIPP **Wenn Kommuniste Kirchen bemalen**

WOHIN ZUERST?

Der **Ploshtad Tsar Ivan Asen II** an der Brücke über den Fluss Yantra ist ein guter Ausgangspunkt für die Besichtung. Hier halten die Busse 20, 50 und 110 (Haltestelle Sv. Chetirideset Machenitsi). Für alle, die mit dem Auto unterwegs sind, gibt es hier Parkplätze rund um die Kirchen Sv. 40 Machenitsi und Sv. Sv. Petar i Pavel.

MINI BULGARIA

Solltest du lange Fahrstrecken scheuen, aber dennoch ganz Bulgarien sehen

Die Richtung stimmt: Christi-Himmelfahrts-Kirche ganz oben auf dem Tsarevets-Hügel

wollen, bekommst du hier beim Tsarevets-Hügel die wichtigsten Sehenswürdigkeiten des Landes im Miniaturformat filigran gebastelt präsentiert. *Tgl. 9–18, April–Sept. bis 19.30 Uhr | mini-bulgaria.com | ⏲ 45 Min.*

TRAPEZITSA-HÜGEL

Auf diesem Hügel hatten Adlige und hochrangige Vertreter des Klerus ihre Wohnsitze. Freigelegt wurden Grundmauern von 17 mittelalterlichen Kirchen sowie Teile der Dekorationen und Wandmalereien und einige weltliche Gebäude.

ALTSTADT

Die bekanntesten Bauten in der Altstadt sind mit dem Namen Kolyu Ficheto verbunden, der als Begründer des neuzeitlichen Bauwesens Bulgariens gilt. Nach seinen Entwürfen wurden u. a. das *Wirtshaus Han Hadzhi Nikoli* gebaut sowie das *Haus mit dem Äffchen (Ulitsa Vastanicheska 14)*, ein sehr beliebtes Fotomotiv. Auf der Ulitsa Gurko ist eine Reihe stilvoller Gebäude erhalten. Herausragend ist das *Sarafkina-Haus (Di–Sa 9–17.30 Uhr | Ulitsa Gurko 88)*, benannt nach dem ehemaligen Besitzer, einem Geldverleiher. Durch die prunkvolle Inneneinrichtung bekommst du einen faszinierenden Einblick in den Geschmack der reichen Familien Veliko Tarnovos im 19. Jh. Eine Renaissance erlebte die Gasse *Samovodska Charshia*, in deren kleinen Werkstätten die Meister ihrem Handwerk nachgehen.

INSIDER-TIPP
Ikone gefällig?

Solltest du schon immer mit dem Gedanken gespielt haben, dir ein original bulgarisches religiöses Kunstwerk anzuschaffen, bist du hier genau richtig. Achtung: Das ist zwar kunstvoll, aber nicht gerade billig!

ESSEN & TRINKEN

HAN HADZHI NIKOLI

Einsteigen in die Zeitkapsel und auf in eins der schönsten Häuser der Stadt!

Das Han Hadzhi Nikoli ist Gourmet- und Kulturzentrum, mit vier Restaurants, Sommergarten, Weinwirtschaft, Museum und Kunstgalerie. *Ulitsa Georgi S. Rakovski 19 | hanhadjinikoli.com | €€–€€€*

SHTASTLIVETSA

Exzellente bulgarische und italienische Küche mit einer phantastischen Aussicht auf die Stadt – Shtastlivetsa ist zu Recht ein äußerst beliebter Treffpunkt im Zentrum. *Ulitsa Stefan Stambolov 79 | €*

RUND UM VELIKO TARNOVO

10 ARBANASI ★

7 km nordöstlich von Veliko Tarnovo/ 20 Min. über die N 514

Das oberhalb von Veliko Tarnovo gelegene Dorf steht unter Denkmalschutz. Die von wohlhabenden Händlern erbauten Häuser sind von massiven Steinmauern umgeben und mit eisenbeschlagenen Toren sowie vergitterten Fenstern versehen. Von außen erscheinen die Gebäude deshalb eher wie wehrhafte Festungen. Ganz anders zeigen sich die Inneneinrichtungen mit zierlichen Holzschnitzereien an Decken und Türen, schönen Fliesen und reicher Wandbemalung.

Sehenswert unter den fünf Kirchen Arbanasis ist vor allem die *Christi-Geburt-Kirche* aus dem 17. Jh. mit prächtiger Innenausstattung. Von den Kulturschätzen der beiden Klöster *Sv. Nikola* und *Sv. Bogoroditsa* faszinieren vor allem die künstlerisch wertvollen Wandmalereien in der *Elias-Kapelle* im Nikola-Kloster.

Genug von Kunst und Kultur? Den besten Blick über das Tal bis hinüber zu den Gipfeln des Balkans hast du vom *Complex Arbanashki Han (Facebook | €€)*, dessen Gartenrestaurant ideal für eine Mittagspause mit Aussicht ist. Noch weiter oben liegt das *Arbanasi Palace*, die ehemalige Residenz des langjährigen sozialistischen Staatschefs Todor Zhivkov, der schon wusste, wo es besonders schön ist. *H4*

11 PREOBRASHENSKI MANASTIR (KLOSTER DER VERKLÄRUNG CHRISTI)

15 km nördlich von Veliko Tarnovo/ 15 Min. über die N 5

Ja, das Kloster liegt versteckt auf dem Berg, die Serpentinen sind eng und nervig. Aber was für tolle und originelle Fresken, innen wie außen, und welch eine Aussicht! Die Klosteranlage, um 1360 gegründet und die viertgrößte Bulgarien, spielte im 14. Jh. eine führende Rolle im geistigen Leben der bulgarischen Reichshauptstadt. Faszinierend ist vor allem das Rad des Lebens auf der Außenwand direkt beim kleinen Parkplatz, das einen fast buddhistischen Einschlag hat. Achtung: Die Abfahrt von der N 5 zur ca. 2 km langen Stichstraße ist leicht zu verpassen! *H4*

INSIDER-TIPP
Alles dreht sich

12 BOZHENTSI ★

45 km südwestlich von Veliko Tarnovo/1 Std. über die N 5

In den Gassen des in idyllischer Stille gelegenen Museumsdorfs wirst du in vergangene Zeiten versetzt, zumindest am Morgen und späten Nachmittag, wenn die Touristenströme verebben. Plan also auf jeden Fall eine Übernachtung ein, um den Charme des Dorfs zu erleben! Um die weiß getünchten, mit Steinplatten bedeckten Häuser wuchert Efeu, im Dorfzentrum stehen Brunnen und Weinstube wie schon vor 150 Jahren. Mehr als 100 Gebäude befinden sich unter Denkmalschutz, es ist ein geschlossenes Ensemble. Für den abendlichen Hunger empfiehlt sich die urige *Mehana Bozhentsko Hanche (Ulitsa 5524 134 | €)* im Dorfzentrum oder das 300 m außerhalb gelegene Restaurant *Strannopriemnica (stranopriemnica.com | €€)*. *G4*

Museum, Galerie, Weinlokal und Restaurant in einem: das Han Hadzhi Nikoli

13 ETARA ★

50 km südwestlich von Veliko Tarnovo/1 Std. über die N 5

Hinter Gabrovo öffnet sich in einem Waldstück das malerischste Freilichtmuseum Bulgariens. Während du durch die Gassen schlenderst, kannst du Handwerkern bei ihrer Arbeit zuschauen. Ob in der Messerschmiede, der Walkmühle, der Holzfräserei oder

der Litzenweberei – Werkzeuge, Einrichtungen, Mechanismen und Tätigkeiten sind hier fast genau in der Form zu sehen, wie sie im 19. Jh. in dieser Gegend vorherrschend waren. Es werden auch Kurse für Hobbyhandwerker angeboten. Alte bulgarische Bräuche mit Musik und Tanz werden zu Ostern, Weihnachten und an den wichtigsten bulgarischen Namenstagen zelebriert. Die hier gefertigten Teile kannst du auch kaufen – es gibt gute Qualität zu moderaten Preisen.

In der Anlage selbst bietet der Weinkeller bulgarische Gerichte an, eine Bäckerei direkt daneben verkauft das beliebte Weißbrot dieser Gegend. In mehreren Cafés kannst du die typisch bulgarische *byalo sladko* („weiße Süße") probieren, eine Mischung aus Zucker, Wasser und Gewürzen. Wenn die fleischlastige bulgarische Küche irgendwann auf die Verdauung schlägt:

INSIDER-TIPP
Leckerer Ballast

Das geleeartige *pestil*, meist aus Pflaumen hergestellt, ist die lokale Version des Früchtewürfels – ein tolles Mitbringsel und die ideale Süßigkeit für die Kleinen. *G4*

14 SHIPCHENSKI PROHOD (SHIPKA-PASS)

70 km südwestlich von Veliko Tarnovo/1 ¼ Std. über die N 5

Auf der Fahrt über Gabrovo gen Süden erreicht man den Bergpass, der für die Bulgaren einen bedeutenden Platz in ihrer Geschichte einnimmt. Im August 1877 hielten hier 6000 Russen und Bulgaren drei Tage lang einer gewaltigen türkischen Übermacht stand. Scheu die fast 900 Stufen zur Platt-

Pflaumenschnaps unter moosbedeckten Schindeln im Kloster Troyan form auf dem Mahnmal für die gefallenen Kämpfer nicht: Von hier hast du einen wunderschönen Ausblick aufs Rosental und auf Sredna Gora. G5

15 TROYAN

100 km westlich von Veliko Tarnovo/ 1 ½ Std. über die N 4 und N 35

Drei Begriffe fallen den Bulgaren ein, denken sie an das Städtchen im zentralen Balkan: Kloster, Pflaumen und Keramik. Das Kloster Troyan ist das drittgrößte des Landes, der aus Pflaumen gebraute *Rakiya* genießt unter den Bulgaren höchsten Ruhm und die traditionsreiche Keramikschule hat über die Zeiten hinweg dafür gesorgt, dass Keramik aus Troyan eine klar erkennbare Marke blieb. Troyan ist aber auch schön gelegen und eignet sich gut als Ausgangspunkt für Touren in den *Naturpark Zentralbalkan*. Viele markierte Wanderwege führen durch die alten Waldgebiete, auch Reiter und Radler finden diverse Angebote, im Winter gibt es sogar einen Skilift. Gute, traditionelle bulgarische Speisen bekommst du im *Starata Kashta (Ulitsa General Kartsov 86 | €)*. F4

16 TROYANSKI MANASTIR (KLOSTER TROYAN)

95 km westlich von Veliko Tarnovo/ 1 ½ Std. über die N 4 und N 3505

Die Mönche des Klosters Troyan verstehen sich auf das Brennen eines besonders potenten Pflaumenschnapses. Schon mehrere Reisende sollen auf diese Weise zum Glauben zurückgefunden haben... Aber auch sonst lohnt der Besuch des schön im Tal des Flusses Cherni Osam gelegenen Klosters. Auch Bulgariens größter Sohn, Vasil Levski, ist hier auf der Flucht vor der osmanischen Polizei untergekrochen, seine Zelle ist zu besichtigen. Heute kommen viele Pilger und erbitten Beistand bei der wundertätigen Ikone der dreihändigen Jungfrau. *bulgariamonasteries.com* | F4

17 SAEVA DUPKA

130 km westlich von Veliko Tarnovo/ 2 Std. über die N 4

Wird es dir im Hotelzimmer zu öde, schau dir doch mal als Kontrastprogramm den Wohnkomfort der Höhlenmenschen an. „Perle der Unterwelt" nennt man die Höhle beim Dorf Brestnitsa. Sie zählt zu Bulgariens schönsten Höhlen. Tongefäße, Feuerstellen und Tierknochen haben die Ureinwohner zurückgelassen. Der Star unter den bizarren Tropfsteinformationen ist die „dicke Berta": So heißt ein besonders voluminöses Stalagnat im zweiten Saal der Höhle. *Tgl. 9–17, Sommer bis 18 Uhr* | E4

SCHÖNER SCHLAFEN IN ZENTRALBULGARIEN

BLAUES HÄUSCHEN MIT GARTEN

Übernachten in historischen Gebäuden kann teuer werden in Plovdiv. Nicht so im *Pulpudeva*, einem stilvollen familiengeführten Hotel in einer alten Kaufmannsresidenz. *12 Zi. | Ulitsa Panayot Volov 2 | Tel. 088 3 30 09 90 | Facebook | €*

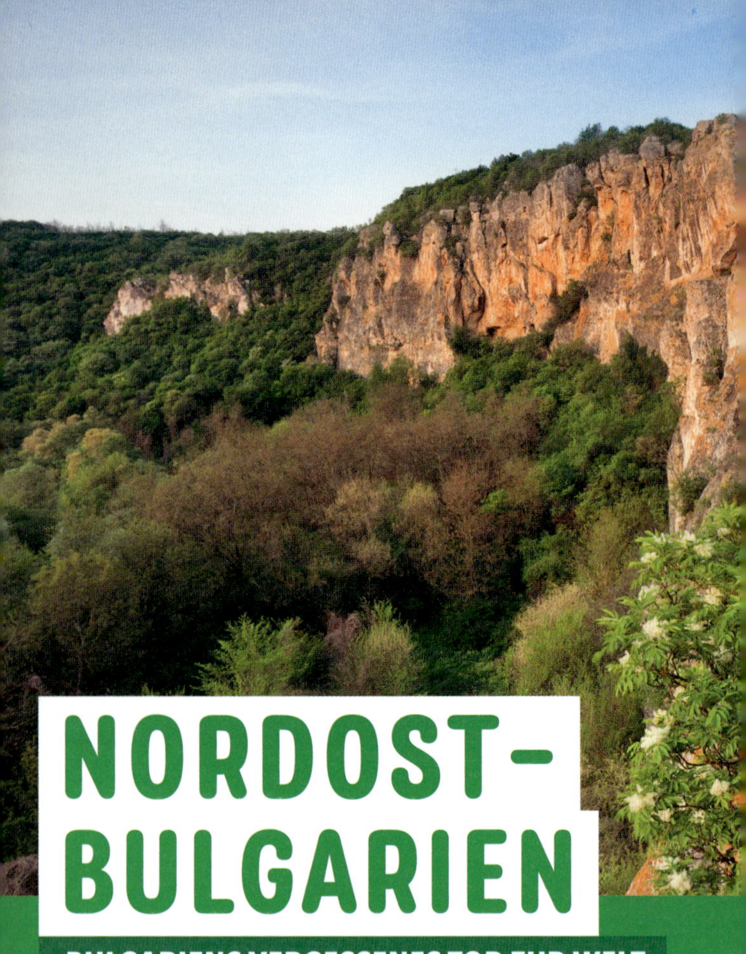

NORDOST-BULGARIEN

BULGARIENS VERGESSENES TOR ZUR WELT

Der Nordosten liegt etwas abseits der Hauptreiseströme und bietet ganz eigene landschaftliche Reize. Die Täler der Yantra und des Beli Lom teilen das Donautal zwischen Veliko Tarnovo und Russe in kleinere Einheiten; weiter östlich gibt es weite Flächen von Gras- und Buschland, auf denen Schaf- und Ziegenherden grasen. Hier liegen auch die beiden Zentren des ersten Bulgarischen Reichs im Mittelalter: die erste Hauptstadt Pliska und ihre Nachfolgerin Preslav.

Mit Wanderrucksack oder auf dem MTB geht es durch den Naturpark Russenski Lom

Im Nordosten ist vor allem auch die türkische Minderheit mit den Zentren Razgrad und Shumen vertreten. Die Bulgaren haben jedoch nach 1878 von der türkischen Architektur wenig übrig gelassen. Beherrschend sind die Donau und das Zentrum des Nordostens, Russe. Dank ihrer Lage an der Donau war die Stadt lange Zeit Bulgariens „Tor zur Welt", ihr Hafen auf Mitteleuropa ausgerichtet – gute Aussichten für eine neue Blüte, wenn der Fluss als Schifffahrtsweg voll ausgenutzt werden wird.

NORDOST-BULGARIEN

MARCO POLO HIGHLIGHTS

★ **RUSSE**
Die offene Atmosphäre ist spürbar, der Einfluss europäischer Baustile sichtbar ➤ S. 92

★ **NATURPARK RUSSENSKI LOM**
Atemraubende Naturkulisse mit den Felskirchen von Ivanovo als Sahnehäubchen ➤ S. 94

★ **TOMBUL-MOSCHEE**
Lebendige Religion in Bulgariens größter Moschee ➤ S. 95

★ **MADARA**
Das riesige, in den Felsen gehauene Relief eines Reiters zählt zum Unesco-Welterbe ➤ S. 97

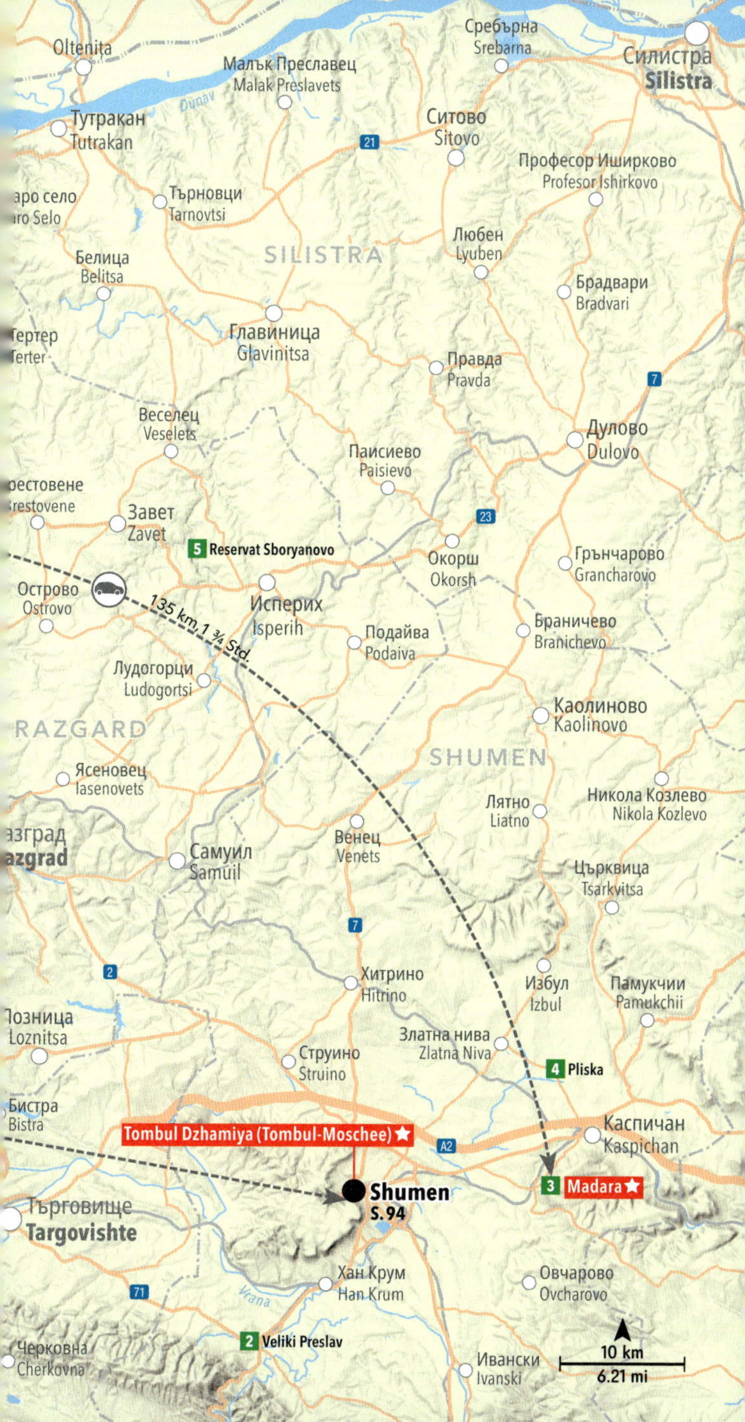
Oltenita
Малък Преславец
Malak Preslavets
Сребърна
Srebarna
Силистра
Silistra
Dunav
Тутракан
Tutrakan
21
Ситово
Sitovo
Професор Иширково
Profesor Ishirkovo
Търновци
Tarnovtsi
SILISTRA
Любен
Lyuben
Белица
Belitsa
Брадвари
Bradvari
Главиница
Glavinitsa
Правда
Pravda
7
Веселец
Veselets
Дулово
Dulovo
Паисиево
Paisievo
23
Завет
Zavet
5 Reservat Sboryanovo
Окорш
Okorsh
Грънчарово
Grancharovo
Острово
Ostrovo
135 km, 1 ¾ Std.
Исперих
Isperih
Подайва
Podaiva
Браничево
Branichevo
Лудогорци
Ludogortsi
Каолиново
Kaolinovo
RAZGARD
SHUMEN
Ясеновец
Iasenovets
Лятно
Liatno
Никола Козлево
Nikola Kozlevo
Венец
Venets
Самуил
Samuil
Църквица
Tsarkvitsa
7
2
Хитрино
Hitrino
Избул
Izbul
Памукчии
Pamukchii
Лозница
Loznitsa
Златна нива
Zlatna Niva
Струино
Struino
4 Pliska
Бистра
Bistra
Tombul Dzhamiya (Tombul-Moschee)
A2
Каспичан
Kaspichan
Shumen
S. 94
3 Madara
Търговище
Targovishte
Хан Крум
Han Krum
Овчарово
Ovcharovo
71
Vrana
2 Veliki Preslav
Черковна
Cherkovna
Ивански
Ivanski
10 km
6.21 mi

RUSSE

(🕮 H1–2) ★ **Russe ist der Atmosphäre und Tradition nach unter den bulgarischen Großstädten die offenste; viele halten sie für die schönste des Landes.**

Über die Donau kamen die Geschäftsreisenden aus Mitteleuropa, die nach Konstantinopel wollten. Sie brachten ausländische Orchester mit und stellten neue Musik und Instrumente vor. In Russe wurde 1866 die erste Eisenbahnlinie Bulgariens gebaut. Der ökonomische und kulturelle Boom war nicht zuletzt der Vielvölkergemeinschaft zu verdanken, die sich hier gebildet hatte: viele Griechen, Armenier, einige Deutsche und am zahlreichsten sephardische Juden. Der Schriftsteller Elias Canetti wurde hier 1905 geboren. Sein Geburtshaus steht noch, ist aber schwer zu finden und leider nicht zu besichtigen.

Das Stadtbild unterstreicht den kosmopolitischen Charakter, die Architektur weist den Einfluss vieler Baustile auf: Barock, Renaissance, Empire, Art nouveau beherrschen die Fassaden, Parks und Boulevards laden zum Bummeln ein. 2020 wurde die Donaupromenade mit viel Aufwand neu gestaltet und ein durchgehender Park angelegt. Schon im halb fertigen Zustand lockte die Promenade viele Besucher an. Es lohnt sich sicherlich, tagsüber ein Stück am Fluss entlang zu spazieren und abends zu schauen, ob das bisher recht müde Nachtleben der 150 000-Einwohner.-Stadt hier in die Gänge kommt.

WOHIN ZUERST?

Die Innenstadt ist klein und übersichtlich. Beginn die Besichtigung am **Ploshtad na Svobodata.** Hin gelangst du mit Bussen der Linien 16 und 20 und den Oberleitungsbussen 25, 26, 27 und 29. Das Auto kann in den Seitenstraßen abgestellt werden.

SIGHTSEEING

ISTORICHESKI MUZEI (HISTORISCHES MUSEUM)

Der Silberschatz aus dem Dorf Borovo, thrakisches Kunsthandwerk und Werkzeuge aus der Bronze- und der Steinzeit sind im ehemaligen Schloss *Dvorets Battenberg* ausgestellt; auch eine interessante ethnografische Abteilung gehört dazu. *Tgl. 9–18 Uhr | Ploshtad Aleksandar Battenberg 3 | museumruse.com | ⏲ 30 Min.*

MUZEI NA TRANSPORTA (TRANSPORTMUSEUM)

Ein Traum für Trainspotter! Vom hiesigen Bahnhof startete einst die erste Eisenbahn Bulgariens. Sie verband Russe mit der Schwarzmeermetropole Varna. Auf den Bahngleisen sind viele alte Lokomotiven und Waggons zu besichtigen. Die Lok und der Salonwagen des Sultans Abdul Azis aus dem Jahr 1866 stehen hier, ebenso die Waggons des bulgarischen Zaren Boris III. und des sowjetischen Marschalls Tolbuchin. *Tgl. 9–17 Uhr | Ulitsa Bratya Obretenovi 5 | ⏲ 20 Min.*

Lust auf typisch bulgarische Eintopfgerichte? Dann ab in die Mehana Chiflika!

ESSEN & TRINKEN

MEHANA CHIFLIKA

DER-TIPP
Der Ton macht das Essen

Einige eher selten angebotene traditionelle Eintopfgerichte, eine Menge auf dem tönernen *sach* gegrilltes Fleisch und Gemüse, dazu ein volkstümliches Ambiente wie aus dem Museum. 100 Prozent Bulgarien! *Ulitsa Otets Paisii 2 | chiflika.eu | €€*

PONTOON

Das stilvolle schwimmende Restaurant am Donaukai beim Kreuzfahrtanleger lebt von der Aussicht aufs Wasser und den ausgezeichneten Fischspezialitäten. Wer eine gewisse K.-u.-k.-Schnöseligkeit, gepaart mit einer Portion Balkanwurstigkeit, ertragen kann, isst hier ausgezeichnet. *Ponton 10 | €€*

KOMPLEX LEVENTA

Wann kann man schon mal in einer osmanischen Festungsanlage mit Blick auf die Stadt speisen? Gehobene Küche in einem stilvoll gestalteten Gewölbe, dazu Gekeltertes aus der Weinkellerei Russe, die hier ebenfalls untergebracht ist. *Im Levent Tabia Fort | Facebook | €€€*

DONAUFAHRTEN

Das Ausflugsschiff Rozhen kann für Tagestouren nach Svishtov oder Tutrakan gebucht werden. Der landschaftlich sehr reizvolle Ausflug nach Silistra und zurück dauert zwei Tage. *Balgarsko Rechno Plavane (Ploshtad Otets Paisii 2 | Tel. 082 82 21 51 | brp.bg); Dunav Tours (Ulitsa Olimpi Panov 5 | Tel. 082 52 60 60 | dunavtours.bg)*

AUSGEHEN & FEIERN

Für eine historisch recht kosmopolitische Stadt ist das Nachtleben recht beschaulich. Einen Blick und einen Drink lohnt sicherlich die gemütliche, unprätentiöse Bar *Hype (Ploshtad Han*

Kubrat 1 | Facebook). Ein Riesenspaß für alle, die Livemusik und Karaoke mögen, ist der *Max Music Club (Ulitsa Alexandrovska 84 | maxclubruse.com).*

RUND UM RUSSE

1 NATURPARK RUSSENSKI LOM ★

25 km bis zu den Felskirchen von Ivanovo südlich von Russe/30 Min. über die N 501

Im Canyon des Flusses Russenski Lom sind 174 Vogelarten heimisch. Auf Wanderungen kannst du auch vielen anderen Tierarten begegnen, etwa Fledermäusen, Füchsen, Wölfen und Rotwild. Im Tal trifft man im Höhlenkloster *Sv. Dimitar Basarbovski* beim Dorf Basarbovo noch praktizierende Mönche an. Schöne Ziele, den Park auf eigene Faust mit dem Mountainbike zu erkunden, sind die Felskirchen von Ivanovo und die Festung Cherven.

In den *Ivanovski skalni tsarkvi (Sommer tgl. 9–18 Uhr, Winter geschl.),* den Felskirchen von Ivanovo, sind in den Felsen in ca. 30 m Höhe über dem Russenski Lom einige der wenigen erhaltenen Beispiele mittelalterlicher bulgarischer Kunst zu sehen: unter Unesco-Schutz stehende Wandmalereien. Einsiedler begannen im 12. Jh. mit dem Bau eines Klosterkomplexes in den Schluchten. Sie erweiterten die natürlichen Höhlen und gestalteten sie zu Kirchen. Hoch über dem Tal ist die bekannteste von ihnen eingehauen, die Kirche der hl. Mutter Gottes aus dem 14. Jh.

Von der mittelalterlichen Stadt *Cherven* sind heute nur noch Reste zu sehen. Schon die Thraker hatten hier eine Siedlung. Während der Herrschaft von Zar Ivan Asen II. im 13. Jh. war die Stadt ein bedeutendes politisches, ökonomisches und kulturelles Zentrum. Ihre Mauern sind bis zu einer Höhe von 5 m erhalten geblieben, ebenso ein Turm. Archäologen haben die Reste von 13 Kirchen gefunden. Lust auf eine Kahnpartie? Bei der alten Mühle im heutigen Dorf Cherven kannst du ein Boot mieten. Einige der Hotels und Pensionen im Naturpark stellen Gästen Boote und Fahrräder auch kostenlos zur Verfügung. *J2*

SHUMEN

(*K3*) Shumen (100 000 Ew.) ist sichtbarer Ausdruck dessen, was „Geschichtemacher" einem Stadtbild antun können: Abgesehen von der Tombul-Moschee sind kaum noch Spuren der osmanischen Zeit vorhanden; dafür sorgten die „nationalen Befreier" nach 1878.

Umso mehr zeigt sich die sozialistische Urbanisierung im Stadtkern – halb fertige Prestigeobjekte reihen sich entlang der Hauptstraße. Dennoch lohnt sich ein Besuch: Neben der Tombul-Moschee sind einige Beispiele der Architektur aus dem 19. Jh. sehenswert. Bis zum Zweiten Weltkrieg war Shumen eine ausgesprochen multikulturelle Stadt. Bulgaren, Türken, Juden, Armenier und Roma lebten harmonisch zusammen. Auf Spuren aus dieser Zeit triffst du überall in der Stadt.

SIGHTSEEING

TOMBUL DZHAMIYA (TOMBUL-MOSCHEE) ★

Die größte erhaltene Moschee aus der osmanischen Zeit wurde 1744 errichtet. In den Bau wurden Säulen aus der Burg der ersten bulgarischen Zaren in Pliska einbezogen. Den Hof der Koranschule dominiert ein Brunnenhaus. Während der sozialistischen Ära Museum, ist die Moschee heute wieder Gebetshaus. Gönn dir den schönen Blick vom Uhrturm, dessen Glocke seit 1740 ohne Unterbrechung zur vollen Stunde schlägt. *Tgl. 9–18 Uhr | Ulitsa Rakovski 21 | ⏲ 30 Min.*

1300 JAHRE BULGARIEN

Sozialistische Geschichtsinszenierung: Bulgariens Vergangenheit als pompöse Statuengruppe – und mit schöner Aussicht. *Sommer tgl. 8–20, Winter 8.30–17 Uhr | Treppe vom Bulevard Slavyanski, den Schildern südwärts knapp 1 km durch den Park folgen*

WIEDERGEBURTSARCHITEKTUR

Die größte Konzentration von Häusern aus dem 19. Jh. findest du um die *Ulitsa Tsar Osvoboditel* herum, die auch den Kern der Altstadt bildet. Nahe der Moschee steht das prachtvolle *Dyukmedzhian-Haus (Ulitsa Stara Planina 14)* aus der Mitte des 19. Jhs. Das *Kos-*

Mittelalterliche Wandmalereien sind in den Felskirchen von Ivanovo erhalten geblieben

Veliki Preslav – was von der Hauptstadt des ersten bulgarischen Reichs übrig blieb

suth-Haus (Mo–Fr 9–12 und 13–17 Uhr | Ulitsa Tsar Osvoboditel 115) beherbergte für einige Monate den Führer der ungarischen Revolution von 1848, Lajos Kossuth. Das *Pancho-Vladigerov-Haus (Mo–Fr 9–12 und 13–17 Uhr | Ulitsa Tsar Osvoboditel 136)* zeigt eine Dokumentation zum namensgebenden Patriarchen der klassischen Musik Bulgariens, aber auch eine typische Wohnungseinrichtung vom Anfang des 20. Jhs.

ESSEN & TRINKEN

MEHANA CHIFLIKA

Die Spezialitäten dieses typischen, traditionell eingerichteten Restaurants am Fuß des Ilchov-Hügels im Zentrum, Gegrilltes von Schwein und Lamm und auf der *sach* (Tonplatte) zubereitete Gerichte, kannst du auch im Sommergarten genießen. *Ulitsa Vladaisko Vastanie 181 | €€*

POPSHEYTANOVA KASHTA

Wirkt in dem lauschig-üppigen Garten fast wie ein Hexenhäuschen, ist aber ein historisches Gebäude aus dem späten 18. Jh. mit dem typischen volkstümlichen Dekor. Bodenständig und gut, mit Sitzplätzen im Garten. *Ulitsa Tsar Osvoboditel 158 | Facebook | €€*

PANORAMA

Für den besonderen Anlass: Das Gourmetrestaurant des Grand Hotel Shumen hat anspruchsvolle Küche zu anspruchsvollen Preisen und eine erlesene Karte bulgarischer Weine. *Ulitsa Oborishte 1 | hotel-shumen.com | €€€*

RUND UM SHUMEN

2 VELIKI PRESLAV

20 km südwestlich von Shumen/ 20 Min. über die N 7

Vom Ausgrabungskomplex der Hauptstadt des ersten bulgarischen Reichs sind ein Teil der Mauern erhalten sowie Reste des Nord- und des Südtors, des Palasts, der Klöster und einiger Werkstätten. Früher war die Stadt, die auf eine slawische Besiedlung zurückgeht, von zwei Festungsmauern umgeben. Im *Museum* des archäologischen Parks findest du alte Mosaiken und schöne Keramik. *Anlage und Museum April–Okt. Mo–Fr 9–18, Sa/So 10–18, Nov.–März tgl. 9–17 Uhr | museum-velikipreslav.com |* K3

3 MADARA ★

15 km östlich von Shumen/20 Min. über die N 2 und N 2006

Das Monumentalrelief aus dem 8.Jh. an einer rund 100 m hohen Klippe unterhalb der alten Festung Madara zählt zum Unesco-Welterbe. Auf einer Höhe von 23 m wurde ein Reiter aus der Felswand gemeißelt, der seine Lanze in einen liegenden Löwen stößt. Die Inschriften sind die ältesten bekannten Quellen mit dem Wort „Bulgarien". *Tgl. 8.30–20, Winter bis 17 Uhr |* L3

4 PLISKA

25 km östlich von Shumen/30 Min. über die A 2

Heute sieht man von Pliska, bis 893 Hauptstadt des ersten bulgarischen Reichs, nur noch wenige Ruinen. Das angeschlossene *Museum (tgl. 8.30–17, Sommer bis 19 Uhr)* bietet Hilfe bei der Rekonstruktion. Wie war das noch mal mit diesen kyrillischen Zeichen? Falls es dir entfallen ist, besuch doch im Komplex *Stara Pliska (tgl. 9–18 Uhr)* die Statuen der bulgarischen Heiligen, die es erfunden haben. Im Hof bekommst du einen Crashkurs über bulgarischen Nationalstolz und das slawische Alphabet. L3

5 RESERVAT SBORYANOVO

75 km nördlich von Shumen/1 Std. 20 Min. über die N 7, N 2005 und N 702

Wer wissen will, wie sich die antiken Bewohner Bulgariens zum Tod gebettet haben, macht sich auf den Weg in diese Ausgrabungsstätte bei Sveshtari. Das dortige Grab eines thrakischen Herrschers aus dem 3. Jh. v. Chr. gehört zu Recht zum Unesco-Welterbe. Hier ist den Baumeistern auf schönste Art die Phantasie durchgegangen: Halb menschliche, halb florale Frauengestalten stützen das Grab als Säulen. Im Mausoleum des islamischen Heiligen Demir Baba Teke kannst du dein Wissen zu muslimischen Heilungsritualen auffrischen. Die kurze Wanderung zum steinernen Grabmal lohnt schon allein wegen der pittoresken Landschaft. *März–Nov. Mi–So 9–12 und 12.30–17 Uhr | sborianovo.com |* K2

INSIDER-TIPP **Mischwesen**

SCHÖNER SCHLAFEN IN NORDOSTBULGARIEN

HOTEL? WUNDERTÜTE!

Der Architekt des *Art Hotels Nirvana (7 Zi., 1 Apartment | Ulitsa Nezavisimost 25 | Tel. 054 80 01 27 | hotelnirvana.bg | €€)* in Shumen muss eine blühende Phantasie gehabt haben! Das fernöstlich eingerichtete Hotel präsentiert Zimmer in unterschiedlichen Farben, die die Energiezentren des Körpers symbolisieren sollen. Dazu gehören ein türkisches Bad, ein Swimmingpool im Freien und ein Restaurant. Om!

SCHWARZ-MEERKÜSTE

TRAUMSTRÄNDE UND MALERISCHE STÄDTCHEN

Die Schwarzmeerküste mit ihren fast 400 Kilometern Küste mit flach ins Meer abfallenden Stränden, Felsklippen und kleinen Buchten ist der bekannteste Landstrich Bulgariens. Die Bulgaren teilen die Schwarzmeerküste in zwei Abschnitte: einen nördlichen mit Varna als Mittelpunkt und einen südlichen mit dem Zentrum Burgas.

Beide Teile haben jeweils ihren ganz eigenen Reiz. Der Norden begeistert mit wunderschönen Felslandschaften um Balchik herum

Blau, rot, gelb und grün – Farbenpracht am Schwarzen Meer

und insbesondere bei Kaliakra. Hier ragen rötliche Steine bis zu 70 m hoch aus dem Meer. Im Süden wird der Sand zusehends heller und feinkörniger. Um Primorsko wecken die üppige Vegetation und der mit Schlingpflanzen durchsetzte Wald im Mündungsgebiet des Ropotamo fast subtropische Gefühle. Diesen Teil schmücken mit Nesebar und Sozopol die malerischsten Städtchen. Ausführliche Informationen findest du im MARCO POLO Band „Bulgarische Schwarzmeerküste".

SCHWARZMEERKÜSTE

MARCO POLO HIGHLIGHTS

★ VARNA
In der Schwarzmeermetropole ist in den Sommermonaten jeden Abend Party ➤ S. 102

★ ARCHÄOLOGISCHES MUSEUM
Prunkstücke des Museums in Varna sind Funde aus einer jahrtausendealten Totenstadt ➤ S. 102

★ RÖMISCHE THERMEN
Überreste der römischen Bäder aus dem 2. und 3. Jh. in Varna auf 7000 m² ➤ S. 103

★ KAP KALIAKRA
Rotgoldene, wild zerklüftete Felsen 70 m hoch über dem Meer ➤ S. 108

★ NESEBAR
Zauberhafte Mischung aus antiken Zeugnissen, byzantinischen Kirchenbauten und bulgarischer Architektur des 19. Jhs. ➤ S. 111

★ ALTSTADT VON SOZOPOL
Das Fischerdorf hat sich seine Ursprünglichkeit und Ruhe bewahrt ➤ S. 112

Durankulashko Ezero (Durankulak-See) 9
Шабла
Shabla
Добрич
Dobrich
DOBRICH
Landgut Chilifka Chukurovo 6
7 Balchik
Вълчи дол
Valchi Dol
Nos Kaliakra (Kap Kaliakra) ★ 8
5 Albena
VARNA
145 km, 2 ½ Std.
Aladzha Manastir (Höhlenkloster Aladzha) 3
4 Zlatni Pyasatsi (Goldstrand)
2 Sv. Sv. Konstantin i Elena
1 Evksinograd
Varna ★
S. 102
Rimski termi (Römische Thermen) ★
Arheologicheski Muzei (Archäologisches Museum) ★
Kamčija
Долни чифлик
Dolni Chiflik
Обзор
Obzor
115 km, 2 Std.
Slanchev Bryag (Sonnenstrand) 12
165 km, 2 ¾ Std.
Nesebar ★ 11
10 Pomorie
Burgas
S. 109
Altstadt ★
ČERNO MORE
270 km, 4 ¼ Std.
13 Sozopol
14 Zamak Ravadinovo (Schloss Ravadinovo)
15 Naroden Park Ropotamo (Naturreservat Ropotamo)
Ахтопол
Ahtopol
16 Lipite Beach

VARNA

(📖 N3) **Natürlich ist ★ Varnas zauberhafte Lage das Kapital der Stadt (350 000 Ew.), aber die Einwohner haben auch etwas daraus gemacht.** Neben den Stränden (Nord, Zentral, Süd) wurde ein wunderschöner, riesiger Meerespark mit verschiedenen Attraktionen angelegt. Die Altstadt von Varna – wo Griechen 570 v. Chr. den Ort Odyssos gründeten – befindet sich nicht gerade in musealem Zustand. Sie verbreitet jedoch den heimeligen Charme einer gewachsenen Siedlung. Als „heilkräftigsten Seekurort im südöstlichen Europa" bezeichnet ein Reiseführer aus den 1920er-Jahren die Küstenstadt. Die Badanlage mit den Umkleideräumen aus dieser Zeit ist erhalten geblieben. Heute haben sich hauptsächlich Restaurants, Bars, Clubs und Diskotheken in den Anlagen angesiedelt. Tausende Menschen tummeln sich bis in die Morgenstunden auf der 3 km langen Promenade. Die Preise sind noch immer relativ moderat, ein Cocktail kostet wenige Euro. Am Hausstrand Varnas sind die Einheimischen zumeist unter sich.

Doch Varna hat auch auf kultureller Ebene einiges zu bieten, u. a. ein herausragendes Festival für klassische Musik, Theater, Oper und Ballett, das auch internationale Stars anzieht. Vornehmlich im Festivalkomplex, aber auch auf den schönen Freilichtbühnen im Meerespark kann man so manche laue Sommernacht mit schönen Klängen verbringen.

WOHIN ZUERST?

Beginn deinen Rundgang am besten an der **Kreuzung Bulevard Knyaz Boris I und Bulevard Slivnitsa.** Hin kommst du mit Bussen der Linien 8, 9 und 14 (Haltestelle Sevastopol). Lass das Auto in Varna besser stehen, die Parkplatzsituation im Zentrum ist schwierig. Versuchen kannst du es auf dem Parkplatz des Hotels Cherno More direkt an der Kreuzung.

SIGHTSEEING

ARHEOLOGICHESKI MUZEI (ARCHÄOLOGISCHES MUSEUM) ★

Die Prunkstücke der großen Sammlung (50 000 Exponate aus vorgeschichtlicher Zeit bis zum Mittelalter) sind die Funde aus einer Grabstätte der Kupferzeit (5000–4000 v. Chr.). Mehr als ein Drittel der freigelegten Grabstätten aus jener Zeit enthielt kein Skelett, sondern nur symbolische Grabbeigaben: viel Schmuck, Gegenstände aus purem Gold, zylinderförmige Perlen, aber auch Werkzeuge und Gefäße. Der Schmuck gehört zu den ältesten Goldschmiedefunden überhaupt. *Tgl. 10–17 Uhr, Okt–Mai So/Mo geschl. | Bulevard Mariya Luiza 41 | archaeo.museumvarna.com | ⏲ 45 Min.*

SV. USPENIE BOGORODICHNO (MARIÄ-HIMMELFAHRT-KATHEDRALE)

Die Kathedrale von Varna wurde 1884–86 errichtet. Sehenswert ist vor

allem der Ikonostas, die dreitürige Bilderwand, die von makedonischen Meistern geschaffen und 1912 angebracht wurde; die reiche Wandbemalung stammt aus den Jahren 1949/50. *Tgl. 7–18.30 Uhr | Ploshtad Sv. Sv. Kiril i Methodiy*

ETNOGRAFSKI MUZEI (ETHNOGRAFISCHES MUSEUM)

In einem der wenigen erhaltenen und restaurierten Häuser der Wiedergeburtszeit wird der Alltag in der Region um die Wende zum 20. Jh. gezeigt. Zu sehen sind Trachten, Handwerk und Schmuck, Szenen volkstümlicher Feste und Rituale sowie die Originaleinrichtung einiger Räume aus dieser Zeit. *Mo–Fr, im Sommer tgl. 10–17 Uhr | Ulitsa Panagyurishte 22 | ⏲ 30 Min.*

RIMSKI TERMI (RÖMISCHE THERMEN) ★

Das milde Klima und die heilenden Mineralquellen zogen einst wohlhabende Römer an. Die Überreste der 10 000 m² großen Badeanstalt im Süden der Stadt gewähren einen Einblick in die römische Badekultur. Etwa drei Viertel des Areals nehmen Thermalbäder ein. Freigelegt wurden Reste des Kanalsystems, der Wasserbecken sowie von zahlreichen Räumen und Hallen, von denen einige imposante Höhen erreichen. *Di–Sa 10–17 Uhr | Ecke Ulitsa San Stefano/Han Krum | ⏲ 30 Min.*

MORSKA GRADINA (MEERESGARTEN)

Der Meeresgarten beginnt am Hafen und erstreckt sich über mehrere Kilometer die Küste entlang. Die riesige

Was für ein Stadtpark! Der Meeresgarten ist Varnas grüne Lunge direkt am Meer

Parkanlage wurde im Jahr 1878 angelegt und im Lauf der Zeit immer wieder vergrößert. Im Meeresgarten kannst du u. a. das *Naturkundemuseum* und das *Marinemuseum*, das *Planetarium*, das *Delphinarium*, das *Aquarium* und den *Zoo* besuchen. Weitere Attraktionen sind Tennisplätze und ein Freilichttheater, auch ein Kinderbereich mit Paddelbooten, Rutschen und anderen Vergnügungen für die Kleinen gehört dazu. Und natürlich gibt es für die Pause zwischendurch Restaurants und Cafés auf dem Gelände.

ESSEN & TRINKEN

RESTAURANT MONKEYS

Am nördlichen Strandende liegt diese hippe Mischung aus Bar und Restaurant. Nicht gerade günstig, aber den Preis wert! *Kap. Georgi Georgiev* | *restaurantmonkeys.com* | €€€

MR. BABA

INSIDER-TIPP
Setzt das Gaumensege

Ein Restaurant in Form einer Galeone aus dem 15. Jh., und das in Originalgröße direkt am Strand in der Nähe der großen Seebrücke. Fisch oder Meeresfrüchte? Auf oder unter Deck? Du hast die Wahl, solltest aber unbedingt reservieren. *Bul. Primorski 27 (am Südstrand)* | *mrbaba.net* | €€€

STARIA CHINAR

Mehr Hafenambiente geht nicht. Fleisch- und Fischgerichte vom Grill und auch Vegetarisches! *Am Hafen* | *stariachinar.com/port-varna* | €€

SHOPPEN

In der *Ulitsa Knyaz Boris I* findest du Nippes, Souvenirs und hin und wieder ein gutes Paar Schuhe oder ein schönes Kleidungsstück.

AUSGEHEN & FEIERN

Von Mitte Juni bis Ende August finden fast täglich Konzerte, Opern- oder Ballettaufführungen von Ensembles aus aller Welt statt. An der Strandpromenade *Ulitsa Kraybrezhna Aleya* folgen kilometerlang Cafés, Restaurants und Bars aufeinander. Egozentriker werden wohl in der Beachbar *Selfie (Facebook)* fündig, die entgegen ihres Namens aber durchaus ein geselliger Ort ist. Im *Rubik (rubikbg.com)* gibts neben DJ-Partys und Jamsessions auch Open-Mic-Nächte.

RUND UM VARNA

1 EVKSINOGRAD

8 km östlich von Varna/15 Min. über die N 9

Am östlichen Ortsrand von Varna liegt das Schloss Evksinograd, die ehemalige Sommerresidenz der Zaren. Fürst Alexander von Battenberg ließ es Ende des 19. Jhs. auf den Ruinen eines Klosters erbauen und erholte sich hier ebenso wie später Zar Boris III. Auch Todor Zhivkov, der Chef der Kommunistischen Partei, war zu Gast. Er nächtigte allerdings nur im sogenannten Sommerbungalow. Was sowohl Zaren als auch KP-Chefs goutierten, kann so schlecht nicht sein: In der Vinothek kannst du hauseigene Weine verkosten. *Nazdrave!* Exkursionen in Park und Schloss bei Voranmeldung. *Gruppenführungen Mo–Fr 9, 12 und 15, Sa/So 9–14 Uhr | Tel. 052 39 31 40 | euxinograd.bg |* *N3*

INSIDER-TIPP
Traubenfreuden

In der Sommerresidenz der Zaren gibts heute eine Vinothek: Schloss Evksinograd

2 SV. SV. KONSTANTIN I ELENA

9 km östlich von Varna/15 Min. über die N 9

Eigentlich ist dies der älteste Kurort Bulgariens, dennoch ist er etwas weniger bekannt und liegt schön versteckt zwischen Varna und Goldstrand. Die Sonne kannst du dir am Strand gleich in mehreren kleinen, windgeschützten Buchten auf den Pelz brennen lassen. Das Leben geht hier noch etwas ruhiger vonstatten, doch die Auswahl an guten Restaurants und Cafés in der zentralen Einkaufsmeile ist riesig. Für den Blick auf den Ort aus der Vogelperspektive und exzellentes, wenn auch nicht günstiges Essen empfiehlt sich das Restaurant des *Grand Hotels Varna (grandhotelvarna.com | €€€)*. Nicht minder großartig ist das Panorama von der Terrasse des *The Bay (thebay.bg | €€)*; falls dir nach frischem Fisch vom Grill ist, bist du hier richtig. Wie es sich für einen altehrwürdigen Kurort gehört, werden hier abends mehr oder weniger die Bürgersteige hochgeklappt. *N3*

3 ALADZHA MANASTIR (HÖHLENKLOSTER ALADZHA)

15 km nordöstlich von Varna/25 Min. über die N 9

Ausgewaschene Höhlen in den Kalksteinfelsen vergrößerten Mönche im 13. oder 14. Jh. zu einem Höhlenkloster mit Speisesaal, Mönchszellen und Kirche. Die Räumlichkeiten sind auf zwei Stockwerken verteilt, die durch

Zum Tanzen aufgelegt – am Goldstrand herrscht Partystimmung

eine Treppe verbunden waren. Der Ausblick von den Kalkfelsen aufs Meer könnte schöner nicht sein. Oberhalb des Goldstrands kannst du einen Spaziergang durch die Wälder machen, der an Holzbänken und kleinen Wasserquellen vorbeiführt. *Sommer tgl. 9–22, Winter Di–Sa 9–17 Uhr | N3*

4 ZLATNI PYASATSI (GOLDSTRAND)

17 km nordöstlich von Varna/30 Min. über die N 9

Diese reine Feriensiedlung ist die am besten gelungene Großanlage am Schwarzen Meer. Das Seebad zeichnet sich vor allem durch seine schöne Verbindung vom ruhigen Strand und den waldbedeckten Abhängen aus, die sich terrassenförmig zum Meer erstrecken. Der 3,5 km lange Strand erreicht teilweise eine Breite von 100 m und ist mit feinkörnigem, golden schimmerndem Sand bedeckt. Regelmäßig verkehren die typischen Bimmelbahnen und halten an allen wichtigen Zielen. Die Badesaison dauert von Mitte Mai bis Mitte Oktober. Im Frühling bleibt es etwas länger kalt, dafür ist der Herbst umso länger mild.

Neben Hotels findest du hier unzählige Restaurants, Cafés, Diskotheken, Bars und Einkaufsmöglichkeiten. Im *Kosharata (€–€€)* und im *Tsiganski Tabor (€–€€)* bekommst du zu guten Gerichten vom Grill Folkloremusik und Volkstänze serviert. Das *Riviera (€€–€€€)* auf dem Holiday-Club-Gelände Riviera liegt direkt am Strand und bietet neben frischem Fisch auch eine hervorragende Fischsuppe.

Ausrüstungen fürs Segeln, Surfen, Wasserskifahren und Parasailing können z.B. am zentralen Strand beim Yachtclub gemietet werden. Viele Hotels haben Hallen- und/oder Freibäder und Tennisplätze. Goldstrand und Umgebung lassen sich auf mehreren Fahrradwegen erkunden. Fahrräder und Velorikschas kannst du an zahlreichen Stellen ausleihen.

Am Abend heißt es „Party!!!" – der Goldstrand ist sozusagen der Ballermann der Schwarzmeerküste. Am deutlichsten wird das im *Partystadl (partystadl-goldstrand.com),* laut Eigenwerbung „die geilste Party am Goldstrand", und am *Ballermann 6 Beach Club (Facebook).* Internationaler und musikalisch diverser geht es im *Arrogance Music Club (arrogance club.com)* im Astera Hotel & Spa zu. *N3*

5 ALBENA

28 km nordöstlich von Varna/40 Min. über die N 9

Der beliebte Badeort wartet mit mehr als 50 Hotels, drei Campingplätzen und vor allem einem 7 km langen, bis 100 m breiten Strand auf. In unmittelbarer Nähe liegt das *Naturreservat Baltata:* In dem schwer zugänglichen Wald sind zahlreiche Pflanzen- und Tierarten beheimatet. Südlich von Albena in Richtung Kranevo befindet sich ein FKK-Strand.

Einmal Pirat sein, nach Schätzen suchen und Meuterer bekämpfen? Auf dem *Piratenschiff Leonardo* ist all das möglich. Unter Anleitung schminken sich die Kinder als Piraten, hissen die Flagge und suchen Schätze. Für

Verpflegung an Bord ist natürlich auch gesorgt. Infos in den Hotels in Albena. *albena.bg* | *N3*

6 LANDGUT CHILIFKA CHUKUROVO

40 km nördlich von Varna/1 Std. über die N 29

Im Dorf *Prilep* liegt die Anlage, die die Atmosphäre eines alten bulgarischen Landguts förmlich atmet. Hier erwartet dich neben einem Hotel mit Museum, Pool, Weinkeller und Pferdestall ein traditionelles Restaurant *(€€)* mit ausgezeichneter Küche und riesiger Auswahl. *N3*

7 BALCHIK

40 km nordöstlich von Varna/50 Min. über die N 9

Durch die reizvolle kleine Hafenstadt und an der Küste entlang ziehen sich Kalksteinfelsen, die Balchik zu einem der schöneren Orte an der nördlichen Schwarzmeerküste machen. Auch die Seepromenade mit ihren vielen Restaurants und Bars ist angenehm ruhig und unspektakulär. Falls du dich gerne auf den Sattel schwingst: Die Radroute nach Varna führt teilweise malerisch am Meer entlang! Im Hafen starten Schiffstouren die Bucht entlang, z. B. auf der Aurora mit Skipper Miro. Frag einfach am Hafen nach ihm. *N3*

INSIDER-TIPP **Zweiradglück**

8 NOS KALIAKRA (KAP KALIAKRA) ★

70 km nordöstlich von Varna/1 ¼ Std. über Balchik

Bis zu 70 m hoch ragen die Felsen aus dem Meer, es bietet sich ein wunderschöner Blick auf den Sonnenuntergang. Schon den Thrakern diente das Kap zur Verteidigung, Überreste von Festungsmauern wurden freigelegt und teilweise nicht unbedingt historisch akkurat wieder errichtet. Das *Denkmal der toten Mädchen* symbolisiert das Martyrium der örtlichen Jungfrauen, die den Osmanen als Gegenleistung für die Verschonung der Festung ausgeliefert werden sollten, aber den Freitod vorzogen.

Auf dem Weg zum Kap befindet sich zwischen Kavarna und Kaliakra das Dorf *Balgarevo,* in dem Angehörige der Gagausen leben. Diese Minderheit spricht türkisch, ist ethnisch und religiös aber den Bulgaren zuzurechnen. 300 m südlich führt eine Straße zum *Dalboka (€€),* einem einfach ausgestatteten, riesigen Restaurant direkt am Meer mit einmaliger Küche. Probier unbedingt die mit Reis, Käse oder Apfel (!) gefüllten Muscheln, gönn dir einen Muschelsalat oder schlürf ein deftige Fischsuppe! *O3*

INSIDER-TIPP **Meeresfrüchte mal anders**

9 DURANKULASHKO EZERO (DURANKULAK-SEE)

100 km nordöstlich von Varna/1 ½ Std. über die N 9

Die letzten Kilometer vor der rumänischen Grenze sind ein Naturparadies mit weißen Stränden und unberührter Steppenlandschaft. Nur ein schmaler Sandstreifen trennt den Durankulak-See vom Schwarzen Meer. Das flache

Bitte Kinder nicht alleine lassen: Bis zu 70 m ragen die Felsen von Kap Kaliakra übers Meer

Gewässer ist ein wichtiges Biotop und Heimat für 260 Pflanzen- und Tierarten sowie ein wichtiges Überwinterungsgebiet für viele Vögel. Infos zu ornithologischen Wanderungen bekommst du beim Informationszentrum *Branta Birding Lodge (Tel. 8 87 30 87 53 | birdinglodge.com)* an der Hauptstraße. *🕮 O2*

BURGAS

(🕮 M5) **Varna oder Burgas? Für viele Bulgaren eine Frage wie die, ob man die Beatles oder die Rolling Stones besser findet. Für die 230 000 Einwohner aber ist ausgemacht, dass sie in der tollsten Stadt des Landes leben.**

Sie lieben ihren Heimatort wegen seiner weiten Sandstrände und dem schönen Meeresgarten. Der knapp 10 km lange, aber nur 1,30 m tiefe Burgas-See ist beliebter Rastort für Zugvögel wie Pelikane und Kormorane. Vor dem Ufer der Stadt liegt Bulgariens einzige bewohnte Schwarzmeerinsel, *Sveta Anastasija.* Das Kloster darauf war über die Jahre hinweg immer mal wieder Haftanstalt, in denen Bul-

Ein Damm mit archaischer Windmühle führt auf das Halbinselchen von Nesebar

gariens autoritäre Regime ihre politischen Gegner einsperrten.
Mach einen Spaziergang durch die terrassenförmig aufsteigenden Viertel von Burgas und genieß die städtebauliche Mischung aus traditionell bulgarischer und kosmopolitisch moderner Architektur. In der Stadtmitte konzentrieren sich die wichtigsten Sehenswürdigkeiten um die Straßenzüge *Aleksandrovska* und *Aleko Bogoridi*.

ESSEN & TRINKEN

ETHNO

Die Auswahl fällt schwer. Das Restaurant bietet einen Parforceritt durch die griechische und mediterrane Küche, ohne dass die Qualität dabei auf der Strecke bleibt. *Ulitsa Aleksandrovska 49 | Facebook | €€–€€€*

RESTAURANT GROLSCH

Eher Pub als Restaurant, aber stetige Qualität und einfaches, aber gemütliches, volkstümliches Ambiente. Fisch, Meeresfrüchte und Steakspezialitäten sind die Schwerpunkte der Küche. *Im Meeresgarten Primorski Park beim Café Flora | €*

TENIOVA KASHTA

Hier hat der Inneneinrichter kräftig in die bulgarische Klischeekiste gegriffen; manchmal dreht sich über dem offenen Kamin sogar ein Spanferkel. Schmecken tut es jedenfalls! *Park Slaveikov | €–€€*

AUSGEHEN & FEIERN

Burgas besitzt ein Philharmonisches Orchester, Theater und Oper, im Sommer gibt es Vorstellungen im Meerespark. Auch das *Folklorefestival* Ende August ist ein Highlight. Zu Partys direkt am Strand lädt der *Amaya Beach Club (amayabeachburgas.com)* am östlichen Ende des Strands im Stadtviertel Kraimorie ein paar Kilometer südlich.

RUND UM BURGAS

10 POMORIE

20 km nordöstlich von Burgas/ 20 Min. über die N 9

Die Stadt an sich ist nicht besonders interessant und auch die Schönheit des Strands hält sich in Grenzen. Berühmt ist Pomorie allerdings für seinen Heilschlamm, den du z.B. im *Grand Hotel Pomorie (Ulitsa Professor Stoyanov 5 | grandhotelpomorie.com)* genießen kannst. Es geht aber auch einfacher und günstiger: Am Salzmuseum, dem *Museum Solna (tgl. 10–17.30 Uhr | Ulitsa Solna 10)*, kannst du dich einfach in den Schlamm werfen bzw. selbst Hand anlegen: Eimer und Bassins stehen bereit, ein paar Handgriffe und schon ist das Schlammbad fertig – völlig kostenlos! *M5*

11 NESEBAR ★

35 km nordöstlich von Burgas/ 30 Min. über die N 9

Die kleine, auf einer Felsenhalbinsel gelegene Stadt ist eine Bilderbuchschönheit. Nesebar (9000 Ew.) zeigt prächtige Zeugnisse mittelalterlicher Baukunst. Die romantische Atmosphäre des Orts speist sich aus der gut erhaltenen und liebevoll restaurierten Architektur des 19. Jhs. Besonders sehenswert sind das *Lambrinov-Haus* und das *Moskoyani-Haus.* Insgesamt kannst du noch 60 Häuser aus der Wiedergeburtszeit bewundern. Die Schönheit hat ihren Preis: Mit den zahlreichen Hotels und Restaurants ist Nesebar touristisch fast zu gut erschlossen, vor allem in der Hauptsaison stößt die Kommerzialisierung hier an ihre Grenzen.

Wer seinen Kaffee mit der Aussicht von einer Felstribüne am Meer trinken möchte, sollte im *Bistro Zornitza (zornitza.info | €)* in der Nähe der alten Metropolitenkirche einkehren, das mit der Koffeinspritze auch noch den Rundumblick serviert. Fisch gibt es überall auf der Halbinsel; schön sitzt du im Restaurant *Neptun (Ulitsa Neptun 1 | €)* und auf einer der Terrassen des Restaurants *Andromeda (Ulitsa Jana Chimbuleva 6 | €€).* Das Restaurant *Chevermeto (Ulitsa Ivan Vazov 21 | €)* am Südstrand direkt am Meeresufer bietet traditionelle bulgarische Küche und *cheverme.* Im Sommer tanzen hier Feuertänzer, die *nestinari,* auf glühenden Kohlen. Für den abendlichen Absacker empfiehlt sich *Michael's Eco-Bar (Ulitsa Han Asparuh 7a | michaels-eco-bar.business.site),* Cocktails mit Stil serviert am Südstrand das *Surf Barishte.* *M5*

12 SLANCHEV BRYAG (SONNENSTRAND)

35 km nordöstlich von Burgas/ 45 Min. über die N 9

Sozopol ist eines der malerischsten Städtchen an der Südküste

Der Sonnenstrand ist der größte Ferienkomplex des Landes. Am 8 km langen, halbkreisförmigen Strand befinden sich über 100 Hotels, mehr als 130 Lokale, medizinische Zentren, Freilichttheater, Sportstätten und Geschäfte. Der Urlaubsort war schon immer darauf bedacht, sich als kinder- und familienfreundlich zu präsentieren, doch leidet er an den üblichen Schwächen eines Touristenghettos. *M5*

13 SOZOPOL

35 km südöstlich von Burgas/35 Min. über die N 99

Die von Festungsmauern umgebene ★ *Altstadt* von Sozopol (5000 Ew.) auf einer Felsenhalbinsel weist eine Fülle von attraktiven Häusern aus dem 19. Jh. auf. Zypressen säumen die Kopfsteinpflastergassen, in der Sonne trocknen Fischernetze und unter den Dachgesimsen die Fische aus dem letzten Fang. Die schönsten Häuser, Cafés und Restaurants findest du im Bereich der Straßen Ulitsa Apolonia und Kiril i Metodiy. Zu empfehlen sind das *Vjatarna Melnica (Ulitsa Morski Skali 27 | €€)*, auf das du triffst, wenn du einmal quer durch den Ort spazierst – zu erkennen an der namensgebenden kleinen Windmühle, und das *Ksantana (Ulitsa Morski Skali 7 | €€)*. Beide servieren Fischgerichte und nationale Spezialitäten. Deftig, aber lecker ist der Fisch mit Knoblauchsauce nach hauseigenem Rezept im Restaurant *Kirik (Ulitsa Ribarska 77 | kirik.domino.bg |*

INSIDER-TIPP
Flosse mit Knobi

€). Für den Sundowner empfiehlt sich die *Ginny Bar* am Nordende des Strands. Falls dir nach Livejazz ist, sollIest du abends mal in der *Bar Mishel (Ulitsa Apolonia 39)* vorbeischauen. *M5*

14 ZAMAK RAVADINOVO (SCHLOSS RAVADINOVO)

35 km südöstlich von Burgas/35 Min. über die N 99

Bei Ravadinovo wartet dieses wahre Märchenschloss auf Prinzen und Prinzessinnen. Es trägt den poetischen Namen „Verliebt in den Wind" und ist umgeben von Tausenden exotischen Bäumen, Sträuchern und Blumen, auf Teichen schwimmen Schwäne und Enten. *Park rund um die Uhr, Schloss tgl. 8–20 Uhr | zamaka.bg | M6*

15 NARODEN PARK ROPOTAMO (NATURRESERVAT ROPOTAMO)

50 km südöstlich von Burgas/1 Std. über die N 99

INSIDER-TIPP **Schippern durch das Paradies**

In dem sumpfigen Waldgebiet, in dem früher KP-Führer Todor Zhivkov exklusiv jagen durfte, führt dich ein Bootsausflug in ein fast tropisch anmutendes Pflanzen- und Tierparadies. Sobald zehn Passagiere zusammen sind, legen die Schiffe ab. *M6*

16 LIPITE BEACH

85 km südöstlich von Burgas/1 ½ Std. über die N 99 und N 9901

INSIDER-TIPP **200 Meter Einsamkeit**

Je weiter man nach Süden fährt, desto heißer der Sand, desto ursprünglicher die Umgebung. Suchst du Ruhe und unberührte Natur, ist dieser Strand bei Sinemorets im äußersten Süden perfekt. *M6*

SCHÖNER SCHLAFEN AN DER SCHWARZMEERKÜSTE

WINDUMTOST

Ja, es ist eine Bettenburg. Aber was für eine! Das *Gardenia Palace (59 Apartments | Ulitsa Prof. Stoyanov 78 | Tel. 088 6 31 10 01 | gardenia-palace.com | €€–€€€)* in Pomorie liegt auf einer schmalen Landzunge zwischen Meer und Pomorie-See. Die meisten Apartments haben zwei Balkone Richtung Ost und West und damit Sonne und Blick aufs Wasser den ganzen Tag über. Ein eigener Strand gehört auch dazu.

ERLEBNIS TOUREN

Lust, die Besonderheiten der Region zu entdecken? Dann sind die Erlebnistouren genau das Richtige für dich! Ganz einfach wird es mit der MARCO POLO Touren-App: Die Tour über den QR-Code aufs Smartphone laden – und auch offline die perfekte Orientierung haben.

1 BULGARIEN PERFEKT IM ÜBERBLICK

- Den Puls der Hauptstadt Sofia fühlen
- Im Rila-Kloster die Wiege des modernen Bulgariens entdecken
- Steig in Trigrad in den Höllenschlund!

Sofia

Varna

→ knapp 1100 km

11 Tage, reine Fahrzeit ca. 15 Stunden

Wildwasserfahrt mit **Adventure Net** in Kresna vorab reservieren.
Wanderkarten gibt es in den Touristenläden in Bansko und im dortigen Büro des **Pirin-Nationalparks** *(Ulitsa Bulgaria 4).*
In den Rhodopen muss man mit frei laufenden Kühen rechnen.

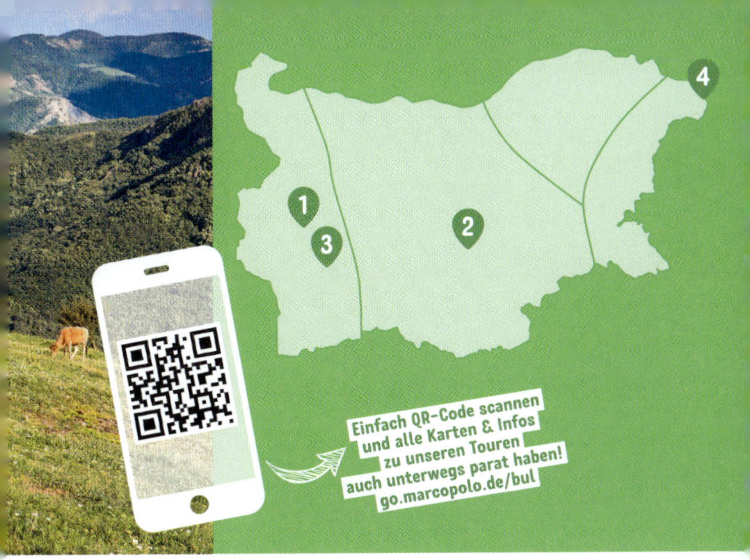
1
3
2
4
Einfach QR-Code scannen
und alle Karten & Infos
zu unseren Touren
auch unterwegs parat haben!
go.marcopolo.de/bul

In den Rhodopen: stets mit frei laufenden Kühen rechnen – und mit Mountainbikern

Du startest in ❶ **Sofia** ➤ S. 44 und betrachtest Kunst im **Kvadrat 500** und römischen Städtebau im **Archäologischen Komplex Serdica**. Von den Straßencafés *auf dem Bulevard Vitosha* aus genießt du den Blick auf die Gipfel des gleichnamigen Gebirges. Im **Central Park Hotel** *(centralparkhotel.bg)* bist du gut untergebracht.

TAG 1-2
❶ Sofia

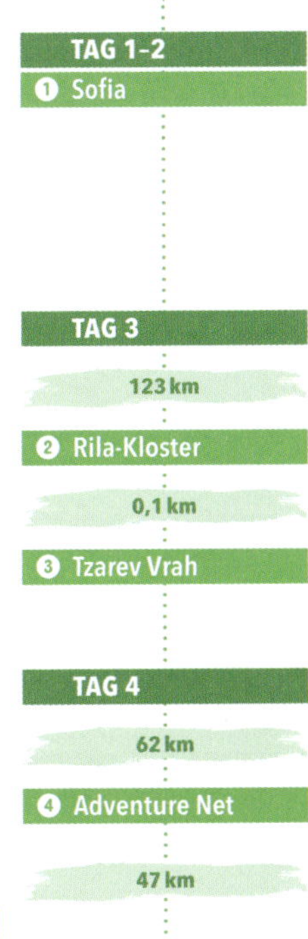

VON DER HAUPTSTADT IN DIE BERGE

Die A3 führt gen Süden ins Rila-Gebirge. Imposante Bergkulisse, ursprüngliche Dörfer – eine andere Welt wartet schon kurz nach der Stadtgrenze. *Kurz vor Blagoevgrad liegt die Abfahrt von der A3* zum ❷ **Rila-Kloster** ➤ S. 53. Für die prächtige Anlage nimmst du dir einen Tag Zeit und buchst im direkt am Kloster gelegenen Hotel (mit Restaurant) ❸ **Tzarev Vrah** *(Tel. 07054 21 80)* ein Zimmer.

TAG 3
123 km
❷ Rila-Kloster
0,1 km
❸ Tzarev Vrah

EIN BISSCHEN ADRENALIN?

INSIDER-TIPP
Weißes Wasser, hohe Berge

Entlang des Flusses Struma geht es gen Süden und nach dem zweiten Tunnel nach Blagoevgrad rechts ab zum Rafting-Camp von ❹ **Adventure Net** *(adventurenetbg.com)* in der Schlucht bei Kresna. Auf einer dreistündigen Wildwasserfahrt erlebst du die Bergwelt aus ganz ande-

TAG 4
62 km
❹ Adventure Net
47 km

5 Bansko

rer Perspektive. Wieder trocken, *fährst du zurück nach Simitli und über die N 19 nach* **5 Bansko ➤ S. 56**. In dem Wintersportzentrum buchst du zwei Nächte im **IDA Hotel** *(idahotel.eu)*.

TAG 5
9 km
6 Bergstation
6 km
7 Vihren-Hütte
14 km
8 Mehana Vodenitsata

UNTERWEGS IM NATIONALPARK

Am Morgen schlenderst du durch die verwinkelten Sträßchen und schwebst dann mit der Gondel hinauf zur **6 Bergstation** zu einer Wanderung im **Pirin-Nationalpark**. An der bewirtschafteten **7 Vihren-Hütte ➤ S. 59** kannst du rasten. Nach so viel Bewegung gönnst du dir zurück in Bansko in der **8 Mehana Vodenitsata ➤ S. 57** regionale Gerichte, begleitet von authentischer Folklore.

TAG 6
133 km
9 Teufelsrachen
2 km
10 Trigrad

Die N 19 führt in südöstlicher Richtung durch die Rhodopen. Nun steht in der Höhle **9 Teufelsrachen ➤ S. 76** in der spektakulären **Trigrad-Schlucht** ein Besuch der Unterwelt an. Ganz in der Nähe in **10 Trigrad ➤ S. 76** serviert man im Hotel **Arkan Han** *(arkanhan.com)* eine leckere Forelle mit Schafskäse in Weinblättern. Für den Nachmittag buchst du an der Rezeption einen Ausritt in die wunderschöne Umgebung – Reiterfahrung ist nicht notwendig. Liegt dein Glück nicht auf dem Rücken der Pferde, kannst du das wunderbare Tal aber auch zu Fuß erkunden; Wanderwege sind allerdings nur rudimentär ausgeschildert.

NACH DEN RHODOPEN MAL WIEDER GROSSSTADTFLAIR

Über Pamporovo fährst du Richtung Norden und besichtigst das ⑪ **Bachkovo-Kloster** ➤ S. 75. Von der Burgruine ⑫ **Asenova Krepost** ➤ S. 74 wenige Kilometer weiter öffnet sich ein atemraubender Blick über die hügelige Landschaft der Rhodopen. Am Abend hast du ⑬ **Plovdiv** ➤ S. 70 erreicht. Im zentral gelegenen **Ramada by Wyndham Plovdiv Trimontium** *(wyndhamhotels.com)* quartierst du dich für zwei Nächte ein. Lass dich vom nostalgischen Flair beim Flanieren über den Altstadthügel bezaubern. Am Abend kannst du dich dann ins Plovdiver Nachtleben stürzen – das Szeneviertel Kabana hat für jeden Geschmack etwas zu bieten. *Auf der N 6* querst du das **Tal der Rosen** ➤ S. 80 und erreichst den ⑭ **Shipka-Pass** ➤ S. 86. Der Blick vom **Mahnmal** aus ist phantastisch. *Nach wenigen Kilometern Fahrt gelangst du zum Freilichtmuseum* ⑮ **Etara** ➤ S. 85. In der **Mehana Etar** *(€)* am Eingang isst du zu Mittag, lernst anschließend traditionelle Handwerke

TAG 7–8
109 km
⑪ Bachkovo-Kloster
10 km
⑫ Asenova Krepost
19 km
⑬ Plovdiv

TAG 9
124 km
⑭ Shipka-Pass
20 km
⑮ Etara
3 km

Fast 900 Stufen sind es hinauf zum Mahnmal auf dem Shipka-Pass – aber dann: wow!

16 Sokolski-Kloster
54 km
17 Veliko Tarnovo

kennen und kannst dich mit Souvenirs eindecken. Eine ca. zweistündige Wanderung führt durch den Wald hinauf zum 16 **Sokolski-Kloster**, einer schönen Anlage aus der Mitte des 19. Jhs. *Am Abend erreichst du das ca. 50 km entfernte* 17 **Veliko Tarnovo ➤ S. 81**, wo du im **Hotel Premier** *(hotelpremier-bg.com)* logierst. Gönn dir beim Altstadtbummel ein Getränk in einem der Cafés an der Hauptstraße mit tollem Blick auf die über der Yantra gelegene Stadt!

TAG 10
110 km
18 Russe

Den Zarenhügel **Tsarevets** am Stadtrand musst du unbedingt noch gesehen haben. *Dann fährst du landschaftlich sehr reizvoll über die E 85 nach* 18 **Russe ➤ S. 92** an der Donau. Vielleicht möchtest du am Abend eine Vorstellung in der Oper besuchen oder auf der neu gestalteten Uferpromenade an der Donau entlangschlendern? Zum Essen und Übernachten empfiehlt sich das Hotel **Cosmopolitan** *(cosmopolitanhotelbg.com).*

BADEMETROPOLE AM SCHWARZEN MEER

TAG 11
194 km
19 Varna

Über die E 70 und die Hemus-Autobahn erreichst du Bulgariens Schwarzmeerkapitale 19 **Varna ➤ S. 102**. Nach einem Bad im Meer bestaunst du am Nachmittag im **Archäologischen Museum** den ältesten Goldschatz der Menschheit. Am letzten Abend tauchst du ein in die relaxte Partyatmosphäre auf der Strandpromenade oder pflegst dein Ego in der **Bar Egoist**.

❷ ZENTRALBULGARIEN: BALKAN, ROSEN UND GESCHICHTE

- Die faszinierende Balkanlandschaft erleben
- In Kazanlak den Duft von Rosen schnuppern
- Tauch ein ins bulgarische Bilderbuchdörfchen!

Stara Zagora — Koprivshtitsa

gut 160 km — 4 Tage, reine Fahrzeit 3 Stunden

Wanderkarten gibt es in den Touristenläden in Karlovo oder online auf *bulguides.com/maps*.

Die Tour beginnt in ❶ **Stara Zagora** ➤ S. 78. Besichtige das antike **Forum Augusta Trayana** und schau dir in den **Wohnstätten aus der Steinzeit** an, wie man sich damals eingerichtet hat. *Am Nachmittag fährst du über die N 5 nach* ❷ **Kazanlak** ➤ S. 80, dem Hauptort des **Rosentals** ➤ S. 80. Die Fahrt ist vor allem zur Blütezeit Ende Mai und Anfang Juni ein Fest für die Sinne. Im **Rosenmuseum** kannst du dich über den Anbau der edlen Blumen und ihre Weiterverarbeitung bis zur Ge-

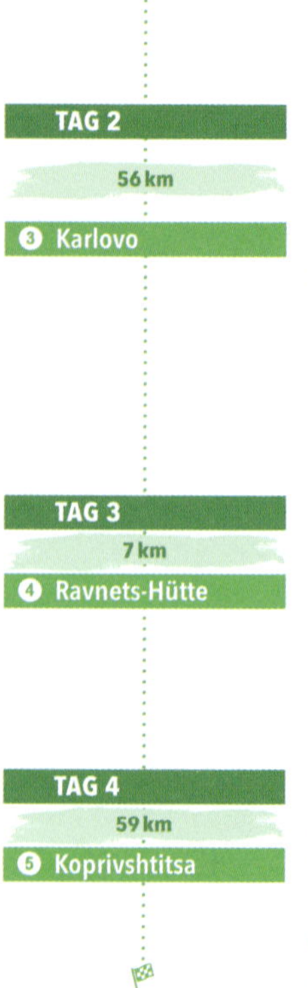

winnung von ätherischen Ölen informieren. Das eine oder andere Produkt aus Rosen nimmst du sicherlich auch mit. Eine passende Unterkunft findest du im **Hotel Roza** *(hotelrozabg.com).*

Schau dir am nächsten Morgen im **Thrakischen Grabmal** von Kazanlak Wandmalereien an, die vom Leben der thrakischen Elite erzählen. *Über die N 6 reist du entlang der mächtigen Gipfel des Balkans nach* **❸ Karlovo** ➤ S. 81 am Fuß des Vrah Botev, des mit 2376 m höchsten Gipfels des Mittelgebirges. Quartier dich für zwei Nächte im **Hotel Shterev** *(shterevhotels.com)* ein. Ganz in der Nähe liegt das **Geburtshaus von Vasil Levski**, den die Bulgaren als ihren größten Sohn erachten.

EINE WANDERUNG IM BALKAN-NATURPARK

Eine Wanderung von Karlovo (die Wege sind gut markiert) zur **❹ Ravnets-Hütte** und zurück führt dich in den **Naturpark Zentraler Balkan**, dessen Wappentier der Braunbär ist. Aber keine Angst, auf der Wanderung begegnest du eher weidenden Pferden als einem Bären.

Zum Ziel der Tour biegst du nach Klisura von der N 6 links ab nach **❺ Koprivshtitsa** ➤ S. 77; das zauberhafte Dorf voll traditioneller Architektur liegt abgeschieden im Mittelgebirge der Sredna Gora. Iss im **Gozbarova Kashta** *(Ulitsa Ivan Borata 9 | gozbarovhouse.com | €)* mit tollem Blick auf Stadt und Landschaft zu Abend.

❸ RILA UND PIRIN: AUF ZU DEN HÖCHSTEN GIPFELN

- ➤ **Wandern durch die wunderschöne südbulgarische Bergwelt**
- ➤ **Entdecke Bulgariens autochthone Rebsorte Melnik!**
- ➤ **Die entspannte Ruhe des Rozhen-Klosters genießen**

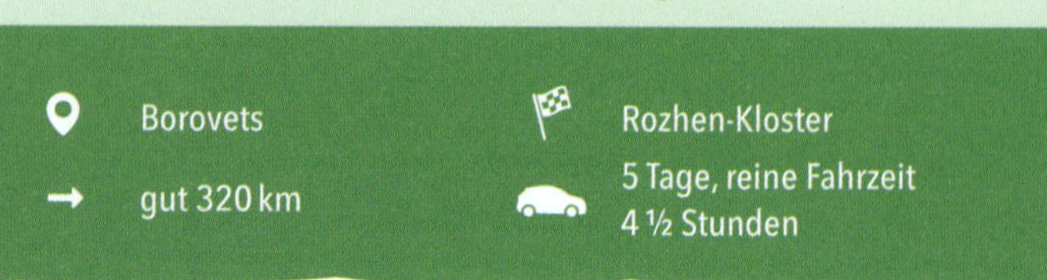

Die Gipfel im Pirin-Gebirge sind relativ leicht bezwingbar – aber bitte nicht in Flipflops

n ❶ Borovets ➤ S. 52 geht es mit der Gondel zur ❷ Yastrebets-Hütte. In zwei Stunden wanderst du zum ❸ Eissee (Ledeno Ezero), einem tollen Ort für ein Picknick. Nach einer weiteren knappen Stunde belohnt dich ein grandioser Blick vom ❹ Musala, dem mit 2925 m höchsten Gipfel der Balkanhalbinsel. Übernachte im Zentrum von ❺ Borovets im Hotel Popangelov *(hotelpopangelov.com)* von Bulgariens Skilegende Petar Popangelov. Vielleicht erzählt er dir von seinen Wettkämpfen mit Christian Neureuther.

TAG 1

- ❶ Borovets
- 5 km
- ❷ Yastrebets-Hütte
- 6 km
- ❸ Eissee
- 1 km
- ❹ Musala
- 12 km
- ❺ Borovets

TAG 2

AUF DEM MOUNTAINBIKE AUSPOWERN

Der nächste Tag beginnt wieder sportlich. Du leihst dir im Adventure Center *(Tel. 088 9 60 70 00 | bikepark.borovets-bg.com)* im Rila-Hotel ein Mountainbike und erkundest auf ausgeschilderten Wegen des Borovets Mountain Bike Park die Umgebung. Hier findet sich für jedes Niveau eine passende Tour. Gönn dir nach der Anstrengung ein Abendessen im urigen Restaurant Hrima *(€)* nahe der Talstation der Gondel.

TAG 3–4

152 km

❻ Bansko

9 km

DA HEBST DU AB – IM WORTWÖRTLICHEN SINN

Nach der zweiten Übernachtung im Popangelov *fährst du über Dupnitsa und Simitli auf die N 19.* Nun begleiten dich links die Gipfel des Rila-Gebirges, rechts siehst du den Pirin. Entlang der Strecke verkaufen Einheimische selbst gemachten Joghurt – unbedingt probieren! Angekommen in ❻ **Bansko** ➤ **S. 56**, siehst du dir die herrliche Bergwelt aus der Vogelperspektive an. Dazu buchst du einen halbstündigen Flug mit dem Ultraleichtflugzeug bei **Summer Bansko** *(Ulitsa Pirin 107 | Tel. 087 8 67 60 12 | summe*

INSIDER-TIPP
Kultur am Wegrand

Ruheoase und mönchisches Idyll: der Klostergarten des Rozhenski Manastir

bansko.com). Nach dem luftigen Abenteuer erkundest du von deiner Unterkunft im **Hotel Tanne** *(hotel-tanne.com)* aus den Charme des Städtchens.

DEM PIRIN-GEBIRGE AUFS DACH STEIGEN

Noch ein Gipfel gefällig? Die Kabinengondel bringt dich am nächsten Morgen zur 1595 m hohen **7 Mecha Polyana**, dem „Bärenfeld". Von dort sind es über die **8 Vihren-Hütte**, in der du essen kannst, ca. vier Stunden zum **9 Vihren-Gipfel**, dem höchsten Berg im **Pirin-Nationalpark** ➤ S. 58. Ob Großblütige Königskerze oder Edelweiß: Hier gibt es einige seltene Pflanzen zu entdecken.

7 Mecha Polyana

6 km

8 Vihren-Hütte

3 km

9 Vihren-Gipfel

PROST!

Nach einer weiteren Nacht im Hotel Tanne führt die Tour *zurück auf die E79 und über Sandanski zu Bulgariens kleinster Stadt* **10 Melnik** ➤ S. 60. Beim Flanieren durch diesen pittoresken Ort fühlst du dich in eine andere Zeit versetzt. Lass dich durch die idyllische Landschaft mit ihren bizarren Sandsteinpyramiden treiben zur Besichtigung des **11 Rozhen-Klosters** ➤ S. 62. Zurück im Ort, solltest du unbedingt den Rotwein aus der lokalen Melnik-Traube kosten, den es aber auch als Cuvée mit anderen Rebsorten gibt – der perfekte Abschluss dieser Tour.

❹ MEDITERRANES FLAIR: IMMER DIE SCHWARZMEERKÜSTE ENTLANG

- ➤ Unberührte, wilde Landschaft am Durankulak-See
- ➤ Am Kap Kaliakra ans Ende der bulgarischen Welt wandern
- ➤ Relaxen am Strand und Meer in Silistar

Branta Birding Lodge

Panorama

gut 450 km

6 Tage, reine Fahrzeit knapp 7 Stunden

Ornithologische Führung in der **Branta Birding Lodge** vorab buchen.
Kajaktour im **Bioreservat** ebenfalls vorab vereinbaren mit Iliyan Nikolov *(Tel. 0887 91 58 46 | outdoor-bulgaria.com).*

Die Tour beginnt ganz im Norden am **Durankulak-See** ➤ S. 108. An der ❶ **Branta Birding Lodge** ➤ S. 109 startet eine Führung mit Vogelbeobachtung. Am Mittag badest du *ca. 6 km von der Lodge* entfernt am breiten Strand beim ❷ **Camping Kosmos** in der Sonne. *Anschließend geht es auf der E 87 bis Shabla und am dor*

Wenn dir in Balchik noch Zeit bleibt: Im Hafen starten Bootstouren durch die Bucht *tigen Leuchtturm vorbei auf die Küstenstraße bis* ❸ **Kamen Bryag**. Von hohen und steilen Klippen hinab genießt du einen von Bulgariens spektakulärsten Meerblicken. Am Nachmittag ist die Steilküste des **Kap Kaliakra** ➤ S. 108 erreicht. Lass dir im ❹ **Museum der Festungsruine** im Archäologischen Reservat des Kaps die Legende erzählen vom Mädchen Kaliakra und ihren Freundinnen. Im ❺ **Thracian Cliffs Golf & Beach Resort** *(thraciancliffs.com)* in Bozhurets übernachtest du in luxuriösem Ambiente.

TAGESFRISCHE MUSCHELN UND 6000 JAHRE ALTER SCHMUCK

Du startest den Tag mit einer Partie Golf direkt an der Steilküste. Der Platz wurde von Gary Player designt, einem der besten Golfspieler überhaupt. Golf ist nicht dein Ding? Dann gönn dir noch ein Treatment im Spa. Im ❻ **Restaurant Dalboka** ➤ S. 108 *ein paar Kilometer zurück in Richtung Kap* stehen zum Mittagessen frische Muscheln auf dem Speiseplan. Die Besichtigung der „Weißen Stadt" ❼ **Balchik** ➤ S. 108 lässt dich in die esoterische Lebenswelt von Königin Maria eintauchen. Spazier durch den Botanischen Garten, *bevor du nach* ❽ **Varna** ➤ S. 102, Bulgariens Hauptstadt am Meer, *weiterreist* und im Hotel **Odessos** *(odessos-bg.com)* übernachtest. Im **Archäologischen Museum**

41 km

❸ Kamen Bryag

20 km

❹ Museum der Festungsruine

23 km

❺ Thracian Cliffs Golf & Beach Resort

40 km

❽ Varna

Malerische Altstadt und schöner Strand: zwei Pluspunkte für Sozopol

TAG 4

35 km

⑨ Bioreservat

1 km

⑩ Strand

27 km

⑪ Long Beach Resort & Spa

TAG 5

76 km

⑫ Nesebar

70 km

⑬ Sozopol

siehst du am nächsten Morgen 6000 Jahre alte Schmuckstücke. Anschließend schlenderst du durch den **Meeresgarten** und lässt dich am Abend die belebte Uferpromenade entlangtreiben.

Nach einer zweiten Nacht in Varna *ist dein nächstes Ziel die Mündung des Flusses Kamchia ins Schwarze Meer.* Während einer geführten **Kajaktour** *(Startpunkt Kamchia Resort | Tel. 0887 91 58 46 | outdoor-bulgaria.com)* paddelst du durch das ⑨ **Bioreservat** mit tropisch anmutenden Wäldern. Wieder an Land, suchst du dir einen schönen Platz am breiten ⑩ **Strand**, der beim Campingplatz Rai beginnt und am Kap Cherni Nos endet. Eine Kleinigkeit zu essen gibt es im Strandlokal. Das ⑪ **Long Beach Resort & Spa** *(longbeachresort.bg)* in Shkorpilovtsi bietet sich als Unterkunft an.

Auf der Höhe des Kap Emine beginnt die südliche Schwarzmeerküste. *Du passierst kurz danach den Megakomplex Sonnenstrand und fährst ins Städtchen* ⑫ **Nesebar** ➤ S. 111. Für die Mittagspause hast du eine große Auswahl an guten Restaurants in Wiedergeburtshäusern. *Über Burgas gelangst du dann nach* ⑬ **Sozopol** ➤ S. 112. Schlender durch die Gässchen und stöber in den vielen Geschäften mit Kunsthandwerk.

Das **Art Hotel Sozopol** *(arthotel-sbh.com)* liegt zentral in der Altstadt.

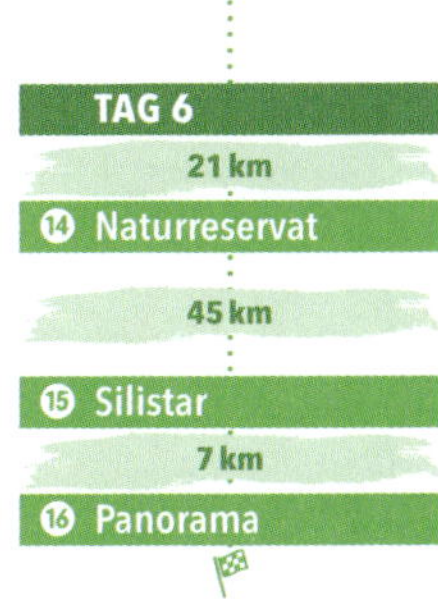

FINALE MIT FISCHSUPPE

Am nächsten Morgen steht eine **Bootsfahrt** auf dem Ropotamo im gleichnamigen ⑭ **Naturreservat** ➤ S. 113 an. Die Touren starten vom kleinen Bootshafen des Naturparks aus. *5 km südlich von Sinemorets* findest du die letzte Bademöglichkeit am Strand ⑮ **Silistar** in einer wunderschönen Bucht. Zum Ende der Tour in Rezovo solltest du dir die Fischsuppe im Restaurant ⑯ **Panorama** *(€)* nicht entgehen lassen.

TAG 6

21 km

⑭ Naturreservat

45 km

⑮ Silistar

7 km

⑯ Panorama

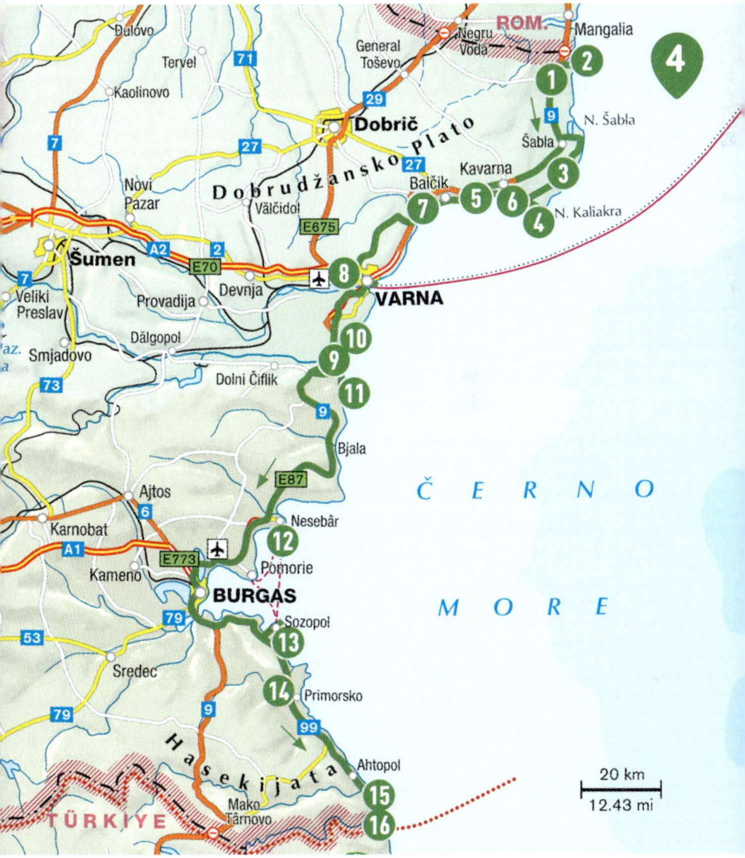

GUT ZU WISSEN

DIE BASICS FÜR DEINEN URLAUB

ANKOMMEN

+ 1 Stunde Zeitverschiebung

Die Umstellung auf die Sommerzeit und zurück erfolgt parallel zu der in Mitteleuropa.

ANREISE

Die kürzeste Autoroute führt über Wien, Budapest, Belgrad und Niš bzw. über Graz, Maribor, Zagreb, Belgrad und Niš nach Sofia. Auch eine Anreise über Rumänien ist möglich – über Timişoara und Calafat und die Donaubrücke nach Vidin. Diese Route ist länger und führt mehr über Landstraßen als über Autobahnen. Bequem, aber zeitaufwendig ist die Anreise über Italien (Triest, Venedig, Ancona), von dort mit der Fähre nach Griechenland und über Thessaloniki nach Sofia.

Die kürzesten Bahnverbindungen nach Sofia führen über Wien und Belgrad (zweimaliges Umsteigen) oder über Budapest (einmal). Von Köln dauert die Fahrt nach Sofia über Wien und Belgrad ca. 34 Stunden, über Budapest ca. 38 Stunden, von Berlin über Budapest nach Sofia ca. 30 Stunden.

INSIDER-TIPP **Reisen wie im Traum**

Der Nachtzug von Berlin nach Budapest überwindet in gut 13 Stunden etwa die Hälfte der Strecke und spart viel Reisestress.

Linienbusse verbinden viele Großstädte in Deutschland, Österreich und der Schweiz mit Sofia. Die Fahrten sind preiswert, aber lang. Eine Fahrt von Berlin nach Sofia kostet ab ca. 60 Euro und dauert um die 24 Stunden.

Mit dem Flugzeug erreichst du Sofia, Varna oder Burgas in zwei bis drei Stunden.

Taxi fahren ist günstig – aber achte darauf, dass das Taxameter eingeschaltet ist!

AUSKUNFT VOR DER REISE

Viele touristische Orte haben eigene, zum Teil sehr gut gestaltete Websites. Einen ausgezeichneten Überblick über das Land und die Regionen bekommst du auf *bulgariatravel.org.*

EINREISE

EU-Bürger und Schweizer können mit einem gültigen Personalausweis oder Reisepass einreisen. Für Kinder unter 16 Jahren brauchst du einen Kinderreisepass.

KLIMA & REISEZEIT

In Bulgarien herrscht kontinentales Klima mit heißen Sommern und kalten, oft feuchten Wintern. Südbulgarien und die Region um Russe erreichen die höchsten Temperaturen. Der Niederschlag ist in den Bergen am höchsten. An der Schwarzmeerküste sind die Winter mild. Die beste Reisezeit ist von April bis Mitte Juni und im September. Dann ist das Land grün und die Temperaturen sind angenehm. Zudem gelten noch Nebensaisonpreise. Von Mitte Juni bis Anfang September können die Temperaturen sehr hoch sein, nur in den Bergen ist es dann kühler. Hochsaison an der Schwarzmeerküste ist zwischen Mitte Juli und Ende August. Der September ist einer der besten Monate für einen Bulgarienbesuch. Der Massentourismus ist vorbei, es ist immer noch sommerlich warm, aber nicht mehr unangenehm heiß. Etwa Mitte Dezember beginnt die Skisaison, die Skigebiete bleiben zum Teil bis Mitte April geöffnet. Die Hochsaison liegt hier um Weihnachten und Neujahr sowie zwischen Anfang Februar und Mitte März.

ZOLL

Innerhalb der EU dürfen Waren zum persönlichen Gebrauch frei ein- und ausgeführt werden. Richtwerte hierfür sind u.a. 10 l Spirituosen und 800 Zigaretten. Weitere Informationen findest du auf *zoll.de*.

WEITERKOMMEN

AUTO

Der nationale Führerschein genügt, die internationale grüne Versicherungskarte ist obligatorisch, sonst ist an der Grenze eine Haftpflichtversicherung abzuschließen. Für Schadensregulierung ist ein Polizeiprotokoll erforderlich. Im Straßenverkehr in den großen Städten geht es legerer zu als in Deutschland. Straßenmarkierungen und Verkehrsschilder werden oft eher als Empfehlung verstanden. Höchstgeschwindigkeiten: PKW auf Autobahnen 140 km/h, auf Landstraßen 90 km/h, in Ortschaften 50 km/h; PKW mit Wohnwagen und Motorräder 100/70/50 km/h. Ganzjährig muss auch tagsüber das Abblendlicht eingeschaltet werden. Promillegrenze: 0,5. PKW und Wohnmobile benötigen eine Vignette, die an den Grenzübergängen in drei Varianten erhältlich ist: Sieben Tage kosten 8 Euro, ein Monat 15 und ein Jahr 50 Euro. Der *Pannendienst* hat die Rufnummer *Tel. 02 91146*, vom Handy: *146*.

GRÜN & FAIR REISEN

Du willst beim Reisen deine CO_2-Bilanz im Hinterkopf behalten? Dann kannst du deine Emissionen kompensieren *(atmosfair.de; myclimate.org)*, deine Route umweltgerecht planen *(routerank.com)* oder auf Natur und Kultur *(gate-tourismus.de)* achten. Mehr über ökologischen Tourismus erfährst du hier: *oete.de* (europaweit); *germanwatch.org* (weltweit).

MIETWAGEN

Die Tagesmiete für Klein- bis Mittelklassewagen beträgt ab ca. 30 Euro.

INSIDER-TIPP: Kredit verspielt

Achtung: Bulgarische Autovermieter sind berüchtigt dafür, die Kaution nicht zu erstatten. Check nach der Rückkehr unbedingt deine Kreditkartenabrechnung! Fotografier das Auto bei der Rückgabe, sodass du die Schadensfreiheit im Zweifelsfall belegen kannst.

ÖFFENTLICHE VERKEHRSMITTEL

Wenn du dich den Gefahren des Autofahrens nicht aussetzen willst, fahr mit den Öffentlichen. Vor allem in Sofia fährst du damit gut, es gibt drei U-Bahn-Linien, die dich durch die Stadt bringen. Vom Flughafen führt die Linie 1 in die Innenstadt, der Hauptbahnhof ist mit Linie 2 zu erreichen. Vom Flughafen ins Zentrum braucht sie 20 Minuten, zum Bahnhof mit Umsteigen an der Station Serdika sind es weitere fünf Minuten. Aber auch jenseits der Hauptstadt gibt es ein dichtes Netz an preiswerten öffentlichen Verkehrsmitteln. Im Fernverkehr ist meist der Bus der Eisenbahn vorzuziehen. Zu empfehlen sind die großen Gesellschaften *Etap*

FESTE & EVENTS

RUND UMS JAHR

MÄRZ/APRIL

Martenski Muzikalni Dni (Russe): internationales Festival für sinfonische, Kammer- und Opernmusik

Lazarovden (ganzes Land): Fruchtbarkeitsfest und Brautschau – junge Mädchen in Trachten singen und tanzen.

Sofia International Film Festival, *siff.bg*

MAI

Georgievden (ganzes Land): Militärparaden und Feierlichkeiten am 6. Mai, dem Tag des Schutzheiligen der Armee

Nestinarstvo (Balgari, Brodilovo, Rezovo): Feuertänze auf glühenden Kohlen zum Namenstag der hl. Elena und des hl. Konstantin am 21. Mai

JUNI

Festival der Rosen (Karlovo und Kazanlak), *rosefestivalkazanlak.com*

MITTE JUNI–MITTE AUGUST

Varnaer Sommer: klassische Musik, Oper und Ballett, *varnasummerfest.org*

JULI

Perelik World Music & Jazz Festival: Musikfestival auf dem 2091 m hohen Berg in den Rhodopen

Burgas Sand Sculptures Festival: Künstler aus aller Welt formen riesige, zum Teil groteske Figuren, *sandfestburgas.com*

From A to Jazz (Sofia): Das Jazzfestival im Südpark lockt über 100 000 Aficionados und etliche Top-Acts aus aller Welt an, *atojazz.bg*

Joghurt-Festival (Razgrad)

AUGUST

Bansko Jazz Festival: *banskojazzfest.com*

Folklorefestival (Koprivshtitsa): Mischung aus Popfestival und mittelalterlichem Jahrmarkt

Kapana Fest (Plovdiv): Kunst- und Musikfestival

SEPTEMBER

Apollonia Fest (Sozopol): Festival der Künste, *apollonia.bg*

Bei so viel Blütenpracht hat sicher niemand was gegen ein Foto: Fassade in Koprivshtitsa

Adress/Grup plus (etapgroup.com) und *Biomet (biomet.bg)*. Zentraler Busbahnhof in Sofia: *centralnaavtogara.bg*. Ein guter Tipp sind die Nachtzugverbindungen zwischen Sofia und der Schwarzmeerküste. Im Sommer empfiehlt sich allerdings eine frühzeitige Reservierung, um noch ein Bett zu bekommen. Inlandsflüge gibt es zwischen Sofia und Varna und zwischen Sofia und Burgas.

TAXI

Taxi fahren ist günstig. Achte allerdings vor dem Einstieg darauf, welche Tarife auf der Tabelle im jeweiligen Taxi verzeichnet sind. Ein Schild mit dem Kilometerpreis muss sichtbar an der Frontscheibe oder am Fenster des Wagens hängen. Ist dort ein überhöhter Preis ausgewiesen, muss er auch bezahlt werden. Frag den Taxifahrer nach dem Gesamtpreis, bevor du einsteigst. Ein Taxameter ist Pflicht – geht er nicht oder läuft er auffallend schnell, beende die Fahrt! Eine Quittung auszustellen ist ebenso vorgeschrieben.

IM URLAUB

AUSKUNFT VOR ORT

Auch wenn sich fast alles im Internet recherchieren lässt, sind die lokalen Auskunftsbüros oft eine große Hilfe, vor allem, wenn es um Ausflüge und Detailkarten der Region geht. In Sofia findest du die *Touristeninformation* in der Unterführung bei der Universität *(Bulevard Tsar Osvoboditel 22 | Tel. 02 4 91 83 44 | visitsofia.bg)*, das Büro des *Bulgarischen Tourismusverbands (Tel. 02 9 80 12 85 | btsbg.org)* ist am

Bulevard Vasil Levski 75. Die *Touristeninformation* in Plovdiv unterhält mehrere Büros in der Stadt, u. a. in der *Ulitsa Rayko Daskalov 1 (Tel. 032 62 02 29).*

CAMPING

Das Land hat ein ausgedehntes Netz an Campingplätzen. An touristisch interessanten Orten findest du mindestens einen, am Schwarzen Meer stehen die gesamte Küste entlang sehr viele zur Verfügung. Wildcampen ist in Bulgarien verboten.

EINTRITTSPREISE

Die Eintrittspreise in Bulgarien sind sehr günstig und ziemlich stabil. Kinder, Jugendliche und Rentner zahlen in der Regel nur die Hälfte. Selbst wichtige Museen wie die Nationale Kunstgalerie und das Nationale Archäologische Museum in Sofia oder Attraktionen wie Mini Bulgaria in Veliko Tarnovo kosten selten mehr als 10 Leva, also gut 5 Euro. Bei Redaktionsschluss war aber unklar, wie sich die Eintrittspreise durch die Coronapandemie entwickeln werden. Daher haben wir auf die Nennung von konkreten Eintrittspreisen in diesem Band verzichtet. Generell gilt: In Klöstern wird kein Eintritt verlangt, kleinere Spenden oder der Kauf von Kerzen werden aber gern gesehen. Die frühere Unsitte, für Ausländer höhere Preise zu verlangen als für Einheimische, ist praktisch nicht mehr anzutreffen. Solltest du doch darauf stoßen, weis deutlich darauf hin, dass das gesetzeswidrig ist.

FEIERTAGE

1. Jan.	Neujahr
3. März	Nationalfeiertag
Ostermontag	Der Termin richtet sich nach dem orthodoxen Kalender!
1. Mai	Tag der Arbeit
6. Mai	Tag der bulgarischen Armee
24. Mai	Tag der Bildung und Kultur (im Volksmund Kiril und Metodij)
6. Sept.	Tag der Vereinigung
22. Sept.	Tag der Unabhängigkeit
1. Nov.	Tag der Volksaufklärer
24.–26. Dez.	Weihnachten

FOTOGRAFIEREN

Die meisten Bulgaren lassen sich gern fotografieren und nehmen es mit südländischer Gelassenheit. Das Fotografieren militärischer Anlagen ist untersagt. In Kirchen wird es unterschiedlich gehandhabt, mitunter bestehen Fotografierverbote.

WAS KOSTET WIE VIEL?

Kaffee	0,50–2,50 Euro *für einen Espresso*
Imbiss	60–80 Cent *für eine Blätterteigtasche*
Wein	1,50–4 Euro *für ein Glas (0,2 l)*
Strand	3–10 Euro *für einen Sonnenschirm pro Tag*
Benzin	1,35–1,60 Euro *für 1 l Super*
Taxi	0,50–3 Euro *pro Kilometer*

GELD & PREISNIVEAU

Geldautomaten sind weit verbreitet. Bei Wahlmöglichkeit entscheide dich immer dafür, den Betrag in Leva abzurechnen – bei Abrechnung in Euro zahlst du drauf. Kreditkarten werden in größeren Hotels, Mietwagenbüros, in einigen Restaurants und vielen Geschäften akzeptiert. Wechsle Bargeld immer in Banken, nicht auf dem Schwarzmarkt. Währungseinheit ist der Lev (Mehrzahl Leva), abgekürzt BGN; 1 Lev = 100 Stotinki. Er ist fest an den Euro gekoppelt, der Wechselkurs entspricht dem ehemaligen Kurs der D-Mark: 1 Euro = 1,96 BGN, 1 BGN = 0,51 Euro.

Nach wie vor sind die Preise für Touristen im Allgemeinen niedrig, sieht man einmal von den Hotels in den Großstädten, touristischen Zentren und für ausländische Leihwagen ab. Privatquartiere sind schon für 10 Euro die Nacht zu bekommen. Allerdings sind die Übernachtungspreise saison- und nachfrageabhängig.

INTERNETZUGANG & WLAN

Das so gut wie überall in Cafés, Restaurants, Parks und sogar in der U-Bahn verfügbare drahtlose Internet hat herkömmliche Internetcafés fast völlig überflüssig gemacht. Vor allem in abgelegenen Orten in den Bergen wirst du leider damit leben müssen, dass es heißt: „Kein Empfang!"

ÖFFNUNGSZEITEN

In der Regel haben Geschäfte montags bis freitags von 10 bis 19 Uhr, Lebensmittelgeschäfte von 8 bis 20 Uhr und Banken von 9 bis 16 Uhr auf. Auch sonntags sind viele Supermärkte, Einkaufszentren und kleine Läden geöffnet. In fast allen größeren Städten gibt es Lebensmittelgeschäfte, die durchgängig geöffnet haben. In Gaststätten kennt man keinen Ruhetag. Viele Museen haben montags geschlossen.

SPRACHE

Bulgarisch ist eine südslawische Sprache, die mit der kyrillischen Schrift geschrieben wird. Beim Übertragen der bulgarischen Namen und Begriffe in die lateinische Schrift wurde in diesem Band die gängige, am Englischen orientierte Schreibweise gewählt.

TELEFON & HANDY

Hotels bieten Stadtgespräche häufig sehr günstig, in Sofia sogar kostenfrei an. Auslandsgespräche dagegen sind teuer. Vorwahlen: *0049* nach Deutschland, *0043* nach Österreich, *0041* in die Schweiz, *00359* nach Bulgarien, dann jeweils die Ortsvorwahl ohne die Null.

TRINKGELD

Bakshish ist das bulgarische Wort für Trinkgeld. Zehn Prozent des Rechnungsbetrags im Restaurant werden dankbar angenommen.

NOTFÄLLE

DIPLOMATISCHE VERTRETUNGEN

- *Deutsche Botschaft Sofia: Ulitsa Frédéric Joliot-Curie 25 | Tel. 02 91 83 80 | sofia.diplo.de*
- *Österreichische Botschaft Sofia: Ulitsa Shipka 4 | Tel. 02 9 32 90 32 | bmeia.gv.at/botschaft/sofia*
- *Schweizer Botschaft Sofia: Ulitsa Shipka 33 | Tel. 02 9 42 01 00 | eda.admin.ch/sofia*

GESUNDHEIT

Die medizinische Versorgung in den großen Krankenhäusern ist gut, es fehlt jedoch mancherorts an moderner medizinischer Ausstattung. Notfallbehandlungen können direkt über die Krankenversicherung abgerechnet werden. Dazu muss die Europäische Krankenversicherungskarte (Rückseite deiner Versichertenkarte) vorgelegt werden. Viele der in Deutschland, Österreich und der Schweiz gängigen Medikamente sind in bulgarischen Apotheken erhältlich.

NOTRUF

Notrufnummer für Polizei, Notarzt, Feuerwehr und Bergrettung: *Tel. 1 12*

WETTER IN VARNA

	JAN.	FEB.	MÄRZ	APRIL	MAI	JUNI	JULI	AUG.	SEPT.	OKT.	NOV.	DEZ.
Tagestemperaturen	4°	6°	10°	15°	21°	26°	29°	29°	24°	20°	13°	7°
Nachttemperaturen	-2°	-2°	2°	7°	12°	16°	18°	17°	14°	10°	6°	0°
Sonnenschein Stunden/Tag	3	3	4	6	8	10	11	11	8	5	3	3
Niederschlag Tage/Monat	6	5	5	5	7	8	6	3	4	5	6	7
Wassertemperatur	6°	6°	7°	10°	15°	19°	22°	23°	21°	17°	13°	9°

Sonnenschein Stunden/Tag   Niederschlag Tage/Monat   Wassertemperatur

SPICKZETTEL BULGARISCH

SMALLTALK

ja/nein/vielleicht	да/не/може би	**da/ne/možé bi**
bitte/danke	моля/благодаря	**mólja/blagodarjá**
Gute(n) Morgen!/Tag!/ Abend!/Nacht!	Добър вечер!/Добро утро!/Добър ден!/ Лека нощ!	**Dobró útro!/Dobár den!/Dobár wétscher!/ Léka noscht!**
Hallo!	Здравей!	**Sdrawéj**
Auf Wiedersehen!	Довиждане!	**Dowížd̆ane!**
Ich heiße …	Аз се казвам …	**As se káswam …**
Wie heißen Sie?/ Wie heißt du?	Вие как се казвате?/ Ти как се казваш?	**Wie kak se káswate?/ Ti kak se káswasch?**
Entschuldigen Sie!	Извинете!	**iswinéte!**
Wie bitte?	Моля?	**Mólja?**
Das gefällt mir (nicht).	Това (не) ми харесва.	**Towá (ne) mi haréswa.**
Ich möchte …/Haben Sie …?	Искам да …/Имате ли …?	**ískam da …/ímate li …?**

ZEIGEBILDER

ESSEN & TRINKEN

Reservieren Sie uns bitte für heute Abend einen Tisch für vier Personen.	Моля да ни резервирате за тази вечер една маса за четирима.	**Mólja da ní reserwírate sa tási wétscher edná mása sa tschetiríma.**
Die Speisekarte, bitte.	Менюто, моля.	**Menjúto mólja.**
Könnte ich bitte … haben?	Мога ли да поръчам …?	**Móga li da porátscham …?**
Ich möchte zahlen, bitte.	Ако обичате, сметката	**Áko obítschate smétkata**
Apotheke/Drogerie	аптека/дрогерия	**aptéka/drogéria**
Supermarkt	супермаркет	**súpermárket**
teuer/billig/Preis	скъпо/евтино/цена	**skápo/éwtino/tsená**
mehr/weniger	повече/по-малко	**pówetsche/po-málko**
bar/Kreditkarte	в брой/кредитна карта	**v broj/kréditna karta**

NÜTZLICHES

Wo ist …?/Wo sind …?	Къде е …?/Къде са …?	**Kadé e …?/Kadé sa …?**
Wie viel kostet …?	Колко струва …?	**kólko strúwa …?**
Wie viel Uhr ist es?	Колко е часът?	**kólko e tschasát?**
heute/morgen/gestern	днес/утре/вчера	**dnes/útre/wtschéra**
offen/geschlossen	отворено/затворено	**otwóreno/satwóreno**
Internetanschluss/WLAN	интернет достъп/безжичен интернет	**ínternet dóstap/bežítschen ínternet**
Fahrplan/Fahrschein	разписание/билет	**raspisánie/bilét**
Toiletten/Damen/Herren	тоалетни/жени/мъже	**toalétni/žení/mažé**
(kein) Trinkwasser	(не е) вода за пиене	**(ne e) wóda sa píene**
Fieber/Schmerzen	температура/болки	**temperatúra/bólki**
Verbot/verboten/Gefahr/gefährlich	забрана/забранено е/опасност/опасно е	**sabrána/sabranéno e/opásnost/opásno e**
Hilfe!/Achtung! Vorsicht!	Помощ!/Внимание! Внимание!	**pómoscht!/wnimánie!/wnimánie!**
0/1/2/3/4/5/6/7/8/9/10/100/1000	нула/едно/две/три/четири/пет/шест/седем/осем/девет/десет/сто/хиляда	**núla/ednó/dwe/tri/tschetiri/pet/schest/sédem/ósem/déwet/déset/sto/chiljáda**

URLAUBS FEELING

ZUM EINSTIMMEN & AUSKLINGEN

LESESTOFF & FILMFUTTER

GRANDHOTEL BULGARIA

Angelika Schrobsdorffs 2002 erschienener Roman führt amüsant und fesselnd durch die Schlüsselepochen der bulgarischen Geschichte im 20. Jh.

WESTERN

Ein Western im Osten – und auch sonst dreht der Streifen den Spieß um. Nicht Bulgaren gehen zur Arbeit in den Westen, deutsche Bauarbeiter errichten im bulgarischen Süden ein Wasserkraftwerk. Was sie im Kontakt zur dortigen Bevölkerung erleben, erzählt der vielfach ausgezeichnete Film der Regisseurin Valeska Grisebach von 2017.

PHYSIK DER SCHWERMUT

Georgi Gospodinov vergegenwärtigt in diesem Meisterwerk von 2011 altgriechische Mythen ebenso denkwürdig wie 40 Jahre bulgarischen Kommunismus – und das in einer literarisch großartigen, melancholischen Collage.

WHOSE IS THIS SONG?

Der Film von 2003 der Dokumentarfilmerin Adela Peeva verfolgt die Spur eines vermeintlich bulgarischen Volkslieds auf einer aberwitzigen Reise durch den Balkan. Dabei zeigt sie, was Bulgarien mit seinen Nachbarn verbindet und was es von ihnen trennt.

PLAYLIST QUERBEET

0:58

MOTHER OF EXILE FEAT. SKANDAU – ENTERING MY WOUND
Gemeinsamer Song der Berliner Band und des bulgarischen Rapduos SkandaU

EMIL DIMITROV – MOJA STRANA, MOJA BULGARIA
Die „zweite Nationalhymne" Bulgariens, in Deutschland besser bekannt als französischer Chanson „Monica"

VALYA BALKANSKA – IZLEL YE DELYO HAYDUTIN
An Bord der Voyager-Sonden hat es dieser Folksong bis ins All geschafft

IVAN KARADZHOV – TIH BJAL DUNAV SE VĂLNUVA
Der Soundtrack zur „Nationalen Wiedergeburt". Pathetisch, wie es sich für ein Revolutionslied gehört

TRIO BULGARKA – ZAPLAKALA E GORATA
Weltmusik vom Feinsten

Den Soundtrack zum Urlaub gibt's auf **Spotify** unter **MARCO POLO Bulgaria**

Oder Code mit Spotify-App scannen

AB INS NETZ

VAGABOND.BG
Expat-Magazin mit tollen Reisereportagen, Infos zu Kunst und Kultur sowie guten Tipps für Bulgarienbesucher.

PROGRAMATA.BG
Jede Menge Tipps zu Kunst und Kultur für die wichtigsten Städte und eine Liste mit Restaurants, Bars und Clubs.

SHORT.TRAVEL/BUL9
Fotograf Andrey Andreev und seine Frau Maria dokumentieren ihre Reisen durchs Land und geben Tipps zu Restaurants, Weintourismus und mehr.

FUNEASYLEARN BULGARISCH LERNEN KOSTENLOS
Nett gestaltete Lernapp. Die Basics sind kostenlos, Lerninhalte für Fortgeschrittene muss man kaufen.

SHORT.TRAVEL/BUL4
Bulgarien erleben: Das ist das Motto dieser Facebook-Gruppe von Bulgarienbegeisterten.

BG RADIO
Die besten bulgarischen Rock- und Popsongs direkt zum Runterladen in die App.

TRAVEL PURSUIT

DAS MARCO POLO URLAUBSQUIZ

Weißt du, wie Bulgarien tickt? Teste hier dein Wissen über die kleinen Geheimnisse und Eigenheiten von Land und Leuten. Die Lösungen findest du in der Fußzeile. Und ganz ausführlich auf den S. 20–25.

❶ Wie viele Bulgaren leben im Ausland?

a) 500 000 – deutlich weniger als jeder Zehnte
b) 1,5 Mio. – immerhin fast 20 Prozent
c) 2,5 Mio. – rund ein Viertel

❷ Was ist Horo?

a) Ein beliebter Volkstanz
b) Ein Rotwein aus einer Rebsorte aus der Gegend um Melnik
c) Im Tontopf gebackener Schafskäse

❸ Für welche Blume ist Bulgarien weltberühmt?

a) Nelke
b) Rose
c) Sonnenblume

❹ Was feiern die Bulgaren am 2. Juni?

a) Geburtstag des Nationalhelden Vasil Levski
b) Todestag des Freiheitskämpfers Hristo Botev
c) Sturz des kommunistischen Regimes 1989

❺ Was macht einen besonders guten bulgarischen Joghurt aus?

a) Wenn ihm zu mindestens 25 % Stutenmilch zugesetzt wird
b) Wenn sein Fettgehalt besonders niedrig ist
c) Wenn sein Fettgehalt besonders hoch ist

Lösungen: 1c, 2a, 3b, 4b, 5c, 6b, 7a, 8c, 9a, 10c, 11b, 12a

Honig und Nüsse dazu sind immer lecker. Aber was macht einen guten Joghurt aus? Frage 5!

6 Was geht auf die Brüder Kyrill und Method zurück?

a) Die Antibabypille
b) Das slawische Alphabet
c) Die Herstellung von Joghurt aus dem Lactobacillus bulgaricus

7 Welche Musikrichtung spaltet die Nation?

a) Chalga
b) Electroswing
c) Estrada

8 Was gibt es am 1. März?

a) Teigtaschen mit Rosenmarmelade
b) Eine riesige Militärparade in Sofia
c) Die Freundschaftsbändchen Martenitsa

9 Wie heißt die Periode zwischen 1762 und 1878?

a) Nationale Wiedergeburt
b) Zweites Zarenreich
c) Balkanrenaissance

10 Welchen Tag feiern die Bulgaren besonders?

a) Das orthodoxe Weihnachten im Januar
b) Silvester
c) Den Namenstag

11 Welche medizinische Leistung ist in Bulgarien Teil des Urlaubsangebots?

a) Schönheits-OPs wie Brustvergrößerungen
b) Zahnbehandlungen
c) Thermalkuren

12 Welches sind die beiden größten ethnischen Minderheiten?

a) Türken und Roma
b) Türken und Rumänen
c) Roma und Serben

REGISTER

LOB ODER KRITIK? WIR FREUEN UNS AUF DEINE NACHRICHT!

Trotz gründlicher Recherche schleichen sich manchmal Fehler ein. Wir hoffen, du hast Verständnis, dass der Verlag dafür keine Haftung übernehmen kann.

MARCO POLO Redaktion • MAIRDUMONT • Postfach 31 51
73751 Ostfildern • info@marcopolo.de

Impressum
Titelbild: Rila-Kloster (AWL Images: C. Kober)
Fotos: Art Gallery Philippopolis: Nightchill Photography (72); DuMont Bildarchiv: Schulze (106); V. Häring (53, 109, 123, 143); huber-images: A. Armellin (66/67), R. Schmid (2/3, 26/27, 33, 36/37, 126); Laif: M. Jäger (50), K.-H. Raach (85, 95), D. Schwelle (11, 48), F. Tophoven (16/17, 138/139); laif/hemis.fr: C. Pasquini (8/9); mauritius images/age: W. Bibikow (Klappe vorne außen, Klappe vorne innen/1), D. Sotirov (10); mauritius images/Alamy: D. Bobroff (21), S. Dimitrov (34/35), P. Dudek (86), I Studio (28/29), johnrochaphoto (132/133), I. Mojzes (58), I. Nesterov (49), C. Norton (22), S. Reddy (93), G. Wrona (79), wronaphoto (75); mauritius images/foodcollection (29); mauritius images/hemis.fr: R. Mattes (6/7); mauritius images/imagebroker: C. Handl (64), K. Wothe (14/15, 32/33, 112/113); picture-alliance/AFP Creative (24/25); picture-alliance/Zoonar: N. Nazarova (56); Shutterstock: andreyandreevphotography (40/41), Arndale (105), U. Attila (110), E. Bery (54/55), Evannovostro (124/125), Fo_De (13), B. G. Georgiev (131), Kinek00 (128/129), I. Miladinov (88/89), Mitzo (62/63, 121), K. Mlyako (140/141), nikolay100 (80), S. Nikolov (114/115), P. Petkov (Klappe hinten), M. Pochueva (98/99), A. Popov (82/83), RaDoll (77), Sharomka (12), N. Stanev (61), stoyanh (59), T. Stoyanov (96, 117), Takashi Images (47), V. Valkov (104)

16., aktualisierte Auflage 2024

Autoren: Volker Häring, Magarditsch Hatschikjan; Redaktion: Martin Silbermann; Bildredaktion: Anja Schlatterer
Kartografie: © 2024 KOMPASS-Karten GmbH, A-6020 Innsbruck; MAIRDUMONT, D-73751 Ostfildern (S. 38–39, 116, 118–119, 122, 127, Umschlag außen, Faltkarte); © 2024 KOMPASS-Karten GmbH, kompass.de unter Verwendung von © OpenStreetMap Contributors, osm.org/copyright (S. 42–43, 45, 68–69, 71, 90–91, 100–101, 103)
Als touristischer Verlag stellen wir bei den Karten nur den De-facto-Stand dar. Dieser kann von der völkerrechtlichen Lage abweichen und ist völlig wertungsfrei.
Gestaltung Cover, Umschlag und Faltkartencover: bilekjaeger_Kreativagentur mit Zukunftswerkstatt, Stuttgart; Gestaltung Innenlayout: Langenstein Communication GmbH, Ludwigsburg
Spickzettel: in Zusammenarbeit mit PONS Langenscheidt GmbH, Stuttgart
Texte hintere Umschlagklappe: Lucia Rojas
Konzept Coverlines: Jutta Metzler, bessere-texte.de

Printed in Poland

MARCO POLO AUTOR
VOLKER HÄRING
Der freie Journalist, Autor und Fotograf ist Mitbegründer des Spezialreiseveranstalters „China By Bike" und organisiert Radtouren in aller Welt. Wenn er nicht gerade wieder auf zwei Rädern alte und neue Ziele erkundet, lebt er als Musiker und Autor in Berlin. Mit Bulgarien verbindet ihn die Liebe – zum Land selbst und vor allem zu seiner Frau, die bulgarische Wurzeln hat.

BLOSS NICHT!

FETTNÄPFCHEN UND REINFÄLLE VERMEIDEN

IN DER STADT AUTO FAHREN

Der Straßenverkehr in den Großstädten ist chaotisch, vor allem in Sofia und Varna. Am besten steigst du auf die öffentlichen Verkehrsmittel oder das Taxi um. Im Abschleppen sind die Bulgaren nämlich sehr schnell.

OHNE WORTE KOMMUNIZIEREN

Verkehrte Welt: Schütteln Bulgaren den Kopf, dann heißt das „Ja". Nicken sie dagegen, bedeutet das „Nein". In der Alltagskommunikation kann das zwischen Einheimischen und Touristen gelegentlich zu Missverständnissen führen.

KULINARISCHE VERGLEICHE

Die Blätterteigtasche *banica* kennst du vom türkischen Imbiss als Börek, *kyufte* macht dein Stammgrieche als Keftedákia auch und die *kebapche* heißen beim Kroaten um die Ecke Čevapčići? Denk noch nicht einmal daran! Die bulgarische Küche ist einzigartig – wenn es Gemeinsamkeiten gibt, dann haben sich die Nachbarn von ihr inspirieren lassen.

POLITISIEREN

Die Bulgaren selbst sind die schärfsten Kritiker ihres Landes. Auf Kritik von außen reagieren viele aber gereizt. Natürlich kannst du deine Meinung äußern, fass sie aber in wohltemperierte Worte. Wenn es um Mazedonien geht, behalte deinen Standpunkt aber lieber für dich.

NACHTS UNAUFMERKSAM UNTERWEGS

Vorsicht im Dunkeln! Nicht Diebe, sondern die Schlaglöcher in den Straßen sind ein Risiko für die Fußgänger. Nimm besser eine Taschenlampe mit, um dieser Gefahr aus dem Weg gehen zu können. Und fährst du Auto, rechne immer mit einem fehlenden Stück Straße.

BLOSS NICHT!

FETTNÄPFCHEN UND REINFÄLLE VERMEIDEN

IM BUS SEIN GELD ZÄHLEN

Überall, wo es eng wird, etwa im Bahnhofsgedrängel oder auf Märkten, muss man mit Langfingern rechnen. Auch in Tram, Bus und Metro heißt es aufpassen. Also bitte nicht im Bus das Geld nachzählen und das Portemonnaie immer an einer sicher verschlossenen Stelle tragen.

SICH IM RESTAURANT SELBST AN EINEN TISCH SETZEN

Beim Betreten eines Restaurants oder auch einer Pizzeria ist es nicht üblich, selbst auf einen Tisch zuzusteuern. Man wartet auf den Kellner – aber natürlich darf man sich einen aussuchen.

GETRENNT BEZAHLEN

Italienische Kellner und Gastbetriebe kennen die Sitte nicht (und haben auch wenig Verständnis dafür), dass bei einer Gruppe von Gästen jeder einzeln für sich bezahlt. Egal wie viel oder wie wenig jemand gegessen hat, am Ende wird die Rechnung ganz einfach durch die Zahl derer geteilt, mit denen man gemeinsam gegessen (oder getrunken) hat.

SAMSTAGS IN DER INNENSTADT SHOPPEN

Samstagnachmittags scheint die ganze Lombardei nach Mailand zu strömen. Auf den Fußwegen schieben sich die Menschen, man kann sich keine Ware mehr in Ruhe angucken und vor jeder Kasse bilden sich Schlangen wie in der Opernpause vor der Damentoilette.

WILDE TAXIS BENUTZEN

Immer wenn die Schlange am Taxistand beim Bahnhof oder am Flughafen besonders lang ist, bietet jemand gerade dir an, dich an den Wartenden vorbeizulotsen. Auch wenn die Herren Englisch sprechen und Namensschilder tragen: Steig bloß nicht ein! Der Preis wird mehr als doppelt so hoch wie der offizielle sein.

LOB ODER KRITIK? WIR FREUEN UNS AUF DEINE NACHRICHT!

Trotz gründlicher Recherche schleichen sich manchmal Fehler ein. Wir hoffen, du hast Verständnis, dass der Verlag dafür keine Haftung übernehmen kann.

MARCO POLO Redaktion • MAIRDUMONT • Postfach 31 51
73751 Ostfildern • info@marcopolo.de

Impressum
Titelbild: Dom Santa Maria Nascente (Schapowalow: G. Croppi)
Fotos: R. Freyer (42/43); huber-images: M. Carassale (117), G. Croppi (24/25), Gräfenhain (6/7, 86/87), S. Kremer (2/3), S. Raccanello (40), M. Ripani (131); S. Kilimann (147); Laif: Blickle (83); Laif/hemis.fr: P. Jaques (4, 46, 66/67, 134), R. Mattes (37); Laif/Le Figaro Magazine: A. Robin (71); Laif/Polaris: P. Oliosi (144/145); mauritius images: R. Mattes (29); mauritius images/age fotostock: E. Grund (94/95); mauritius images/AGF: M. Chapeaux (96/97), D. La Monaca (110); mauritius images/Alamy (14/15, 19, 65, 78/79), G. Bogicevic (74), P. Gislimberti (77), A. Grosescu (23), Marka (62), G. Masci (8), A. Omelyanchuk (33), A. Oparin (92/93), G. Saini (129), R. Sala (30), M. Spironetti (34, 48/49), I. Vdovin (45); mauritius images/Alamy/Alamy Stock Photos: P. Dudek (Klappe vorne außen, Klappe vorne innen, 1); mauritius images/Alamy/Alamy Stock Photos/Freeartist (112/113); mauritius images/Alamy/Alliance (10); mauritius images/Alamy/ASK Images: E. Marongiu (73); mauritius images/Alamy/Eyesonmilan (51); mauritius images/Alamy/IPA (12/13); mauritius images/Alamy/Photoarkive (50); mauritius images/Alamy/RossHelen editorial (90/91); mauritius images/Axiom Photographic: M. Silvan (11); mauritius images/ClickAlps: M. Rossetti (121); mauritius images/CuboImages: E. Buttarelli (9), S. Tripodi (57); mauritius images/CuboImages: M. Bella (64), Bluered (118), M. Gravili (105, 108), S. Tripodi (61, 84); mauritius images/imageBROKER /gourmet-vision (52/53); Schapowalow: M. Arduino (142/143), A. Armellin (88/89), B. Cossa (132/133); Schapowalow Images: M. Arduino (20); Schapowalow: M. Ripani (137); E. Wrba (123, 124, 126)

15., aktualisierte Auflage 2024

Autoren: Bettina Dürr, Susanne Kilimann, Henning Klüver; Redaktion: Nikolai Michaelis; Bildredaktion: Gabriele Forst
Kartografie: © 2024 KOMPASS-Karten GmbH, A-6020 Innsbruck; MAIRDUMONT, D-73751 Ostfildern (S. 98–99, 102, 104, 109, 111, Umschlag innen, Umschlag außen, Faltkarte); © 2024 KOMPASS-Karten GmbH, kompass.de unter Verwendung von © OpenStreetMap Contributors, osm.org/copyright (S. 26–27, 31, 35, 39, 44, 47, 54–55, 68–69, 80–81, 114–115)
Als touristischer Verlag stellen wir bei den Karten nur den De-facto-Stand dar. Dieser kann von der völkerrechtlichen Lage abweichen und ist völlig wertungsfrei.
Gestaltung Cover, Umschlag und Faltkartencover: bilekjaeger_Kreativagentur mit Zukunftswerkstatt, Stuttgart
Gestaltung Innenlayout: Langenstein Communication GmbH, Ludwigsburg
Spickzettel: in Zusammenarbeit mit PONS Langenscheidt GmbH, Stuttgart
Konzept Coverlines: Jutta Metzler, bessere-texte.de

Printed in Poland

MIX
Paper | Supporting responsible forestry
FSC® C018236

MARCO POLO AUTORIN
SUSANNE KILIMANN
Mailand gehört zu den Lieblingsstädten der Autorin und Journalistin aus Berlin. Grund dafür ist die prickelnde Mischung: hier die nostalgische Tram, dort visionäre Wolkenkratzerarchitektur. Das Beste aber sind Begegnungen mit besonderen Menschen. Unvergessen der Besuch im Mailänder Künstleraltenheim Casa Verdi, der in einem beschwingten Ausgehabend mit den betagten Diven endete.